Yamaga Soko

Der Weg des Shogun

Weisheiten der Samurai

Angkor Verlag

Für Takao Mukoh

»Gehe mit dem linken Bein los und rezitiere mit zusammengebissenen Zähnen folgende Worte, dann wird dir Glück widerfahren:

Jippo sekai marishiten hokuto taishin kaiki shugo kyukyunyonitsuryo.«

Der Weg des Shogun./Yamaga, Soko. Deutsch von Guido Keller und Taro Yamada. – Frankfurt am Main: Angkor Verlag, 2023.

Auf diakritische Zeichen wurde verzichtet.

Schlussredaktion/Lektorat: Susanne König

Das Cover zeigt das Wappen des Tokugawa-Clans (public domain).

Printed in Germany

Angkor Verlag, Foockenstr. 5, 65933 Frankfurt am Main
www.angkor-verlag.de

ISBN: 978-3-98804-007-7

Gebundene Ausgabe zum inhaltsgleichen Taschenbuch mit ISBN: 978-3-98804-011-4

Inhalt

»Das Schwert zu ziehen ist schwach,
es nicht zu ziehen ist stark. Wer mutigen Geistes ist,
wird sein Schwert nicht sorglos zücken.«

Vorwort

Das *Hagakure* (»Hinter den Blättern«) ist eine Sammlung von über tausend überwiegend kurzen Lektionen aus dem frühen 18. Jahrhundert. Sein Verfasser Yamamoto Tsunetomo (1659-1719) war zunächst Samurai und trat nach dem Tod seines Fürsten, da ihm die rituelle Selbsttötung *(seppuku)* untersagt war, in den Mönchsstand ein. Der Einfluss des Zen-Buddhismus ist in Formulierungen wie dem »täglichen Sterben« erkennbar.

Aus Anlass des 25-jährigen Verlagsbestehens, das ohne den anfänglichen Erfolg der ersten deutschen *Hagakure*-Ausgabe nicht denkbar gewesen wäre, legen wir hier vergriffene Texte jener *Piper*-Ausgabe neu auf, die als *Hagakure II* auf dem Markt war, sowie Ausschnitte aus dem Hardcover des Angkor Verlages. Im zweiten Teil finden sich neu übertragene Weisheiten weiterer Samurai, im Anhang einige Gesundheitstipps aus der damaligen Zeit.

Die Texte zeugen von einer „Sensitivität für die Lebenskraft“ (jap. *kiki*) und reichen über den Mut eines rasenden Samurai *(doshi no yu)* bis hin zur Todesverachtung. Es ist unsere Hoffnung, dass Sie als Leser/innen praktische Anregungen für Ihr eigenes Leben aus der Lektüre ziehen, zum Beispiel im Alltag weniger zu zögern, oder, wie die Samurai sagen, nicht zwei Gedanken oder zwei *ki* zu hegen (jap. *ninen niki*).

Die runzligen Bauernsöhne, G.K. und T.Y.

Hagakure

Die Welt als Traum

Es ist gut, die Welt für einen Traum zu halten. Wenn wir träumen, wollen wir so bald wie möglich aufwachen und glauben, dass wir eben bloß einen imaginären Traum hatten. Die heutige Welt ist davon kein bisschen verschieden.

Tod und Wahrheit

Einmal fragte ein Mann: »Was ist die Bedeutung des Weges des Todes?« Die Antwort wurde in Form eines kurzen Gedichtes gegeben:

> Wenn alle Dinge im Leben falsch sind,
> gibt es nur ein wahres Ding: den Tod.

Im Angesicht des Todes

Wer dem Tod mit Würde ins Angesicht blicken kann, ist wahrlich ein tapferer Mann. Es gibt Männer, die in Zeiten des Wohlstands gut daherreden können, doch in ihren letzten Augenblicken oft den Verstand verlieren. Der Mensch aber, dessen Herz im letzten Moment fehlgeht, ist nicht tapfer.

Freigebigkeit

Der Priester Tannen sagte: »Ein Krieger sollte stets zwei Gewichte mit sich tragen, eines an jedem Ende des Strickes, der um seine Schultern hängt. Das eine Gewicht ist die Pflicht seinen Eltern und seinem Herrscher gegenüber, das andere eine Verbindung von Tapferkeit und Nächstenliebe. Je schwerer die Lasten, desto besser.

Und vergiss nicht: Freigebigkeit ist die Mutter des Wohlstandes. Viele gute Krieger versanken in Gram, weil sie keinen Sinn für Wohltätigkeit besaßen.«

Die Absichten anderer erkennen

Man sagt: »Wenn du die Absichten der anderen erkennen willst, werde krank!« Wer in gewöhnlichen Zeiten mit anderen vertraut umgeht, sich dann aber plötzlich bei Schwierigkeiten von ihnen distanziert, ist verachtenswert. Man nennt ihn einen Samurai mit Hühnerherz. Wenn sein Freund krank oder in persönlichen Nöten ist, muss ein Samurai ihn aus Zuneigung unterstützen, nach seinem Befinden fragen, Geschenke überbringen lassen und auch heimlich helfen. Man sollte niemals in seinem Leben sich von einer Person abwenden, der man moralisch verpflichtet ist. All diese Dinge werfen ein Licht auf das wahre Herz eines Mannes. Es gibt viele, die sich bei Problemen auf andere verlassen, sind die Schwierigkeiten vorüber, aber die Freundlichkeit und Hilfe der anderen glatt vergessen.

Entschlusskraft strahlt aus

Solange jemand seine tiefsitzende Bereitschaft zur Tugend wachhält, wird er zweifellos als erster für eine schwierige Aufgabe bei einem Notfall ausgewählt. Diese Bereitschaft offenbart sich im täglichen Benehmen und der Art zu sprechen. Von höchster Bedeutung sind beiläufige Bemerkungen. Dabei sollte man nicht sein Herz ausschütten. Entschlusskraft wird durch das Verhalten im Alltag offensichtlich.

Ein Mann weniger Worte

Im Dienst hielt mich meine feste Hingabe an die Pflichten davon ab, bei der Arbeit oder zu Hause nachlässig zu werden. Ich bemühte mich, meinen Mund zu halten und dann, wenn eine Angelegenheit nicht mit verschlossenen Lippen bereinigt werden konnte, nur ein Wort statt zehn zu äußern.

Bedenke stets den Weg des Samurai

Ein Gefolgsmann muss stets den Weg des Samurai im Auge behalten, doch die meisten achten nicht darauf. Man erkennt es, wenn man sie fragt: »Was sind die wichtigsten Dinge auf dem Weg des Samurai?« Nur wenige können darauf antworten, weil sie die grundlegende Wahrheit nicht erkannt haben.

Mach dir nichts aus Verlust

Das Haus eines Samurai wurde von einem anderen begehrt. Der Clan ordnete an, dass er es für diesen räumen müsse. Während er nach einer neuen Bleibe suchte, erzählte ihm der andere, dass er dessen Haus nun doch nicht mehr bräuchte. Da beschwerte sich der erste wütend, woraufhin sich der andere entschuldigte und zum Ausgleich für die Umstände Geld anbot.

Diese Geschichte ist jedoch lachhaft. Im Allgemeinen fühlt sich jemand in einer solchen Situation hinters Licht geführt, doch er irrt. Denn der Ärger entstammt finanziellen Interessen. Das Herz jenes Samurai war beschmutzt. Er besaß die Frechheit, unflätige Worte in Gegenwart der Clan-Älteren zu gebrauchen. Außerdem schwächte das Geld, das er annahm, jedes seiner Argumente und behinderte ihn auch für die Zukunft. Rechtsstreite, Beschwerden und Unzufriedenheit basieren stets auf finanziellen Dingen. Wenn es jemandem nichts ausmacht, Geld zu verlieren, gibt es keinen Grund für eine Konfrontation. Solch ein Verlust ist nicht unehrenhaft. Ein Mann von geringer Weisheit kann das nicht erkennen.

Senilität

Ein gewisser Gefolgsmann, der offensichtlich senil war, wurde in die Häuser anderer Samurai eingeladen. Dort sprach er in einer Art und Weise, die die mentale Einstellung der Zuhörer positiv stärkte. In den vergangenen Jahren hatte er nur im Sinn, was anderen nutzen konnte, weil er sich immer noch ganz und gar seinem Dienst für den Clan hingab. Ein seniler Mann neigt dazu, von dem besessen zu sein, worin er gut war. Ein »Dienstseniler« bringt anderen Nutzen, während normalerweise Senilität gefährlich ist. Ältere Männer, die sich nicht beiläufig einmischen, sind jedoch besser.

Der Fünfundzwanzig-Tage-Mann

Nakano Kazuma empfahl beim Verhör von Verdächtigen stets eine um eine Stufe niedrigere Strafe als üblich. Bei einem Treffen verschiedener Clan-Beamter wagte niemand etwas zu sagen, bis Kazuma seine Meinung geäußert hatte. Er wurde als der »Öffner« und der »Fünfundzwanzig-Tage-Mann«[1] bekannt.

Die Gesellschaft ist voll von Bösem

Ein Gefolgsmann, der wohlhabend ist, hat einen Nachteil. Wer arm ist, ist dagegen frei von Anfeindungen. Ein Gefolgsmann kann nicht umhin, die Fehler anderer im Dienst zu bemerken. Solange er sich selbst jedoch nicht sagt, dass die Gesellschaft nun einmal voll von Bösem steckt, wird sein grimmiger Gesichtsausdruck die anderen nur davon abhalten, ihn zu akzeptieren. So kann er trotz eines guten Charakters nicht als vertrauenswürdiger Gefolgsmann dienen.

---

[1] Nach fünfundzwanzig Tagen wurde der Deckel eines Fasses mit eingesalzenem Rettich geöffnet.

Verhalten, das einem gut ansteht

Jemand sagte einmal: »Soundso ist ein zuverlässiger Kamerad. Er setzte sich entschlossen gegen seinen Vorgesetzten durch.« Doch solches Verhalten widerspricht seiner Position. Er wollte andere nur sagen hören: »Das ist wahrlich ein Samurai!« Dies beweist seinen nichtswürdigen Charakter. Er ist unreif. Denn ein Samurai wird bewundernswert, wenn er sich zuallererst höflich und respektvoll benimmt.

Gute Laune kehrt zurück

Ein gewisser Samurai, der adoptiert worden war, konnte nicht die Zuneigung seines Adoptivvaters gewinnen. Der Vater, nach Jahren voller Krankheit aufs äußerste gereizt, schlug den Sohn häufig, bis dieser es nicht mehr aushielt und das Haus verlassen wollte. Da kam seine Adoptivmutter bei mir vorbei und klagte weinend: »All das ist so ärgerlich. Bitte ermahnt den Vater, ungeachtet der eigenen Krankheit geduldiger mit dem Sohn zu sein.« Als ich ihr Ansinnen zuerst ablehnte, weinte sie noch mehr und bat mich noch inständiger um meine Hilfe, so dass ich schließlich einwilligte und sagte: »Statt den kranken Vater zu ermahnen, müssen wir den umgekehrten Weg gehen. Schickt den Sohn zu mir.« So verließ sie mich, ohne von meiner Idee überzeugt zu sein.

Als der Sohn kam, erzählte ich ihm: »Zuerst musst du erkennen, dass es ein außerordentliches Glück darstellt, auf der Erde als Mensch geboren zu sein. Weiterhin hat sich dein langgehegter Wunsch erfüllt, Gefolgsmann dieses großen Lehnswesens zu werden, und nicht Bauer oder Händler. Man muss den Sternen danken, das Erbe des väterlichen Clans antreten zu dürfen. Du bist sogar als jüngster Sohn zur Welt gekommen und der Herr über eine andere Familie. Wenn du alles aufgäbest und ein herrenloser Samurai ohne Clan würdest, wärest du deinem Fürsten gegenüber untreu. Wenn dich dein Adoptivvater wegen deines Benehmens ablehnen muss, bist du wirklich respektlos ihm gegenüber. Wer seinem Fürsten und seiner Familie den Rücken zukehrt, findet in dieser weiten Welt keinen Platz mehr zum Leben. Geh nach Hause und denke darüber nach. Loyalität und Sohnespflicht bringen dir die Liebe deines Vaters. Hilf ihm, seine gute Laune wiederzufinden. Bete vom Grunde deines Herzens zu deinem Schutzpatron: »Mögen mein Aussehen und alle anderen Dinge ihm gefallen!« Das geschieht nicht um deinetwillen, sondern aus Loyalität und Sohnespflicht. So werden deine inständigen Wünsche sich ins Bewusstsein deines Vaters übertragen. Kehre heim, und du wirst deinen Vater bei Laune finden.

Dies ist der mystische Weg jener Dinge, die Himmel, Erde und Menschen übersteigen. Weil dein Vater all die Zeit krank war, könnte sein Ende nahe sein. Deine Sohnespflicht kannst du ihm dann nicht mehr lange erweisen; sie sollte dir daher leichtfallen, selbst wenn du dafür auf Händen gehen müsstest.«

Der junge Mann war zu Tränen gerührt. »Deine Lektion ist auf den Grund meines Bewusstseins vorgedrungen«, sprach er und ging heim. Später hörte ich, dass sein Adoptivvater nach einem kurzen Blick auf ihn äußerte: »Dank einer Ermahnung an dich hat sich dein Verhalten verbessert.« So kehrte seine gute Stimmung zurück. Welch ein Wunder! Es liegt jenseits der menschlichen Vernunft. Der Sohn besuchte mich später einmal und dankte mir: »Aufgrund deiner überlegten Zurechtweisung wurden meine Loyalität und Sohnespflicht gerettet.«

Wenn jemand für den wirklichen Weg des Lebens betet, werden seine Wünsche sicher wahr werden. Seine Gebete können Himmel und Erde bewegen. Betet jemand verzweifelt und vergießt blutige Tränen, werden seine Gebete erhört und von seinem Schutzengel erfüllt. Das glaube ich.

Nehmen wir an, der Fürst erteilt einem Gefolgsmann bei einer Audienz einen Auftrag, ob nun angenehmen Inhaltes oder nicht. Wenn der Gefolgsmann sich wortlos zurückzieht, wirkt er verloren. Er sollte daher den Auftrag des Fürsten bestätigen und dabei auf angemessene Weise sprechen. Darauf sollte er stets vorbereitet sein. Wenn der Fürst ihm einen wichtigen Posten anvertraut, verraten Freude und Dünkel auf dem Gesicht des Samurai seine Einstellung. Ich habe den unwürdigen Anblick solcher Männer oft erfahren. Ein Mann, der seinen ungeschickten und sorglosen Charakter kennt, würde bei einer solchen Gelegenheit am besten antworten: »Solch ein großer Auftrag, und ausgerechnet an mich vergeben – das verwirrt mich. Wie kann ich ihn erfüllen? Darüber bin ich sehr besorgt.« Dieses Denken zeigte sich dann auf seinem Gesicht und würde ihn dem Fürsten als tiefsinnigen Mann erscheinen lassen. Ein Mann, der in vergleichbarer Situation unbedacht mit loser Zunge redet, dürfte als unreif und zu Fehlern verdammt erscheinen.

Sei kein Bettler

Manchmal spricht jemand von etwas, das er dringend benötigt und das ihm dann von einem Zuhörer bewilligt wird. Wenn das wiederholt geschieht, ist es verachtenswert. Es ist am besten, das, was man braucht, gar nicht zu erwähnen.

Unterhaltungskünste

Alle Unterhaltungskünste kommen einem gut zustatten, solange man sie als Mittel nutzt, dem Weg des Samurai zu folgen und seinem Fürsten zu dienen. Solche Unterhaltungskünste werden ihm dann nahegebracht und machen ihn vielleicht sogar zu einem Experten darin. Akademische Studien sind hingegen gefährlich.

Dünkel zeigen sich von selbst

Ein gewisser Samurai strengte sich sehr in seinem Dienst an. In meinen Augen hatte er sich eine anständige Belohnung vom Fürsten verdient. Dann wurde er zu einer Audienz vor den Fürsten gebeten, und die Menschen gratulierten ihm schon vorher. Wie sich herausstellte, wurde sein Lohn erhöht, allerdings weitaus weniger als erwartet.

Dennoch beglückwünschten ihn alle dazu, er aber sah unzufrieden aus und sagte: »Ich habe mein Gesicht verloren. Es geschah, weil ich in meinem Dienst nicht nützlich genug war. Ich möchte am liebsten auf die Lohnerhöhung verzichten.« Das führte dazu, dass ihn seine Freunde trösteten.

Dieser Samurai war nicht entschlossen genug, dem Fürsten zu dienen, und handelte aufgrund seines Dünkels. Wenn man vom Samurai zum Fußsoldaten degradiert oder zum *seppuku* verurteilt wird, ohne einen Fehler begangen zu haben, sollte man doch den Befehl des Fürsten mutig annehmen. Das steht einem Gefolgsmann gut an, dessen Familie in diesem Clan seit Generationen dient. Der Samurai, der sprach: »Ich habe mein Gesicht verloren«, dachte nur an sich selbst. Wer ein wahrer Samurai genannt werden will, muss anders handeln.

Fürchte kein Versagen

Ein Gefolgsmann, der seinen Posten zuallererst für gefährlich hält, ist ein Feigling. Jeder macht einmal Fehler, ob im Dienst oder privat. Deshalb sollte man sich stets fragen: »Wie kann ich unbeholfener Mann im Dienst überleben?«

Das Wort eines Samurai

Als Morooka Hikozaemon wieder zum Dienst verpflichtet wurde, erklärte ihm der Fürst, was er zu tun und zu lassen habe. Auf den Befehl des Fürsten hin, sein Versprechen im Namen der Götter niederzuschreiben, entgegnete Hikozaemon jedoch: »Die mündliche Zusage eines Samurai ist unabänderlich. Selbst Buddha und die Götter können nicht so weit gehen.« Da betrachtete der Fürst die Sache als erledigt. Hikozaemon war zu dieser Zeit gerade sechzehn Jahre alt.

Ungewöhnliche kosmische Phänomene

Ein ungewöhnliches kosmisches Phänomen als bedrohlich und unheilbringend anzusehen, ist absurd. Sonne und Mond zur gleichen Zeit, Kometen, Wolken, die wie eine Prozession von Kriegsflaggen wirken, Blitze, Schnee im Juni, Donner im zwölften Monat (nach dem Mondkalenders) – diese Dinge tauchen alle fünfzig oder hundert Jahre einmal auf. Das liegt an den dualistischen Kräften des Kosmos. Nur wenn der Sonnenaufgang im Osten und der Sonnenuntergang im Westen ungewöhnlich wären, könnte man auch die anderen Dinge unheilvoll nennen.

Wenn wir außergewöhnliche Veränderungen am Himmel oder auf Erden bemerken, taucht manchmal tatsächlich Böses in dieser Welt auf. Das geschieht, weil zum Beispiel flaggenförmige Wolken unsere ängstlichen Gemüter so einschüchtern, als würde etwas Schreckliches bevorstehen, und wir dann darauf warten. Solch eine Geisteshaltung verursacht erst schlimme Ereignisse. Es hängt von der eigenen Sicht auf die Dinge ab, wie sie sich entwickeln.

Frei von Leiden

Die eigene Krankheit wird noch schlimmer, wenn es dem Gemüt schlechtgeht. Ich wurde geboren, als mein Vater schon siebzig Jahre alt war, und sah aus, als wäre ich im Schatten getrocknet worden, doch eines Tages beschloss ich, mein Leben zu vervollkommnen. Danach blieb ich von Krankheiten verschont, enthielt mich der körperlichen Lust und unterzog mich jeden Tag Moxa-Behandlungen. Dieses Leben hat mich sicher verändert. Man sagt: »Eine Schlange kehrt ins Leben zurück, selbst wenn sie schon sieben Mal wiedergeboren wurde.« Ich hegte schon lange den Wunsch, sieben Mal als Gefolgsmann dieses Clans wiedergeboren zu werden.

Kritik gebiert Ärger

Ein scharfsinniger Mann, der gern aktuelle Entwicklungen kritisiert und verhöhnt, bringt Unglück über sich. Wer seine Worte mit Bedacht wählt, wird in Friedenszeiten als nützlich angesehen und ist vor Strafe sicher; in Zeiten der Unruhe bleibt ihm die Exekution erspart.

Einspruch erheben

Wenn du den Fürsten kritisierst, muss das taktvoll geschehen. Alles so zu arrangieren, dass der Fürst perfekt dasteht, schadet dem Fürsten, weil er dann nichts mehr hat, worüber er selbst nachdenken müsste. Rauer und kompromissloser Widerstand dagegen führt nur zu erhitzten Debatten.

Zeige im Falle deines Todes auf den Feind

Auf dem Schlachtfeld denke nur: »Niemand soll mich bei diesem Angriff besiegen.« Wenn jemand sich wünscht, in die Feindeslinien zu preschen und sie in Stücke zu reißen, wird sein Wille groß sein und zu mutigem Kampf führen. Auch muss man dafür Sorge tragen, im Falle des eigenen Todes in Richtung des Feindes zu liegen.

Nur aus selbstsüchtigen Motiven arbeiten

Ein Gefolgsmann, der nur zu seinem eigenen Vorteil arbeitet, indem er einen Posten wählt, den er mag und der dem Temperament seines Fürsten und seiner Vorgesetzten entgegenkommt, mag zehn Mal damit Erfolg haben. Wenn er aber nur ein Mal im Dienst versagt, ruiniert er sich selbst und endet schmachvoll. Denn seine Loyalität ist nicht gefestigt und wird von Gier und Bosheit getrieben.

Jenseits der Vierzig

Jemand erzählte mir, dass ihm im Kansai-Gebiet ein Wahrsager einst offenbarte: »Es ist selbst für Mönche nutzlos, in der Welt aufzusteigen, bevor sie vierzig Jahre alt sind. Solch ein Aufstieg würde nur Fehler ermöglichen Selbst Konfuzius sagte: »Wenn ein Mann vierzig wird, sollte er nicht mehr schwanken.« Mit vierzig haben sowohl Weise wie auch Einfältige Einsicht ins Leben erlangt.

Sei Untergebenen gegenüber aufmerksam

Ein Samurai in hoher Stellung, zum Beispiel Gruppenkommandeur, sollte seinen Männern gegenüber freundlich sein. Nakano Kazuma Toshiaki, der einen hohen Posten innehatte, verschwendete keine Zeit und nahm seine Untergebenen normalerweise gar nicht in Anspruch. Wenn jedoch einer seiner Untergebenen krank zu Bette lag oder wegen persönlicher Probleme fehlte, besuchte ihn Kazuma täglich, um sich nach seinem Befinden zu erkundigen. Das brachte Kazuma den Respekt und die Bewunderung seiner ganzen Truppe ein.

Kämpfe, sogar verzweifelt und blind

Wenn es dazu kommt, einen anderen zu erschlagen, dann stelle keine rationellen Überlegungen an wie: »Wenn ich direkt auf ihn zugehe, wird es schwer sein, ihn zu töten. Ich werde einen Umweg benutzen, auch wenn der Zeit kostet.« So etwas vernichtet den rechten Zeitpunkt, schwächt deine Entschlusskraft und endet wahrscheinlich damit, dass du den Gegner gar nicht erschlägst. Der Weg des Samurai erfordert sogar, dass du verzweifelt und blind voranpreschst.

Rechtes Lob

Kurz nachdem ich Sawabe Heizaemon beim *seppuku* assistiert hatte, sandte mir der Verwalter Nakano Kazumo ein Lobesschreiben aus Edo, wo er stationiert war. Es enthielt viele wohlwollende Ausdrücke wie: »Du hast den Ruf deines Clans gestärkt.« Damals hielt ich es für unangemessen, dass er mir als bloßem Sekundanten solches sagte. Nach längerem Nachdenken wurde mir jedoch klar, dass er aus Wissen und Erfahrung gehandelt hatte. Man muss einen jungen Mann loben, wenn er die Aufgabe eines Samurai richtig erfüllt hat, sei sie auch noch so einfach, damit er mit größerer Hingabe und stärkerem Mut weitermachen kann. Ich erhielt auch vom Älteren Nakano Shokan ein Lobesschreiben und hob mir beide Briefe auf. Yamamoto Gorozaemon, mein Neffe, schenkte mir einen Sattel und einen Satz Steigbügel.

Das Herz ist weise

Ein gewisser Mönch gehörte zu den herausragenden Männern der letzten Zeit. Seine Großzügigkeit war unermesslich. Darum wurde sein großer Tempel auch gut geführt.

»Ich bekam den Vorsitz dieses Tempels, obwohl ich kränklich bin und nicht der Rede wert«, sagte er. »Dann dachte ich, dass ich bestimmt Fehler mache, wenn ich all die Arbeit allein verrichte. Deshalb tue ich nur das wenige, was ich kann, und lasse, wenn ich mich nicht gut fühle, meine Gehilfen Verschiedenes erledigen, wobei ich hoffe, dass nichts Schlimmes passiert.«

Der Vorgänger seines Vorgängers war zu streng gewesen, die Menschen waren seiner überdrüssig geworden. Sein unmittelbarer Vorgänger hingegen delegierte zu viel und war in mancherlei Hinsicht zu sorglos. Seit der gegenwärtige Mönch seine Stelle angetreten hatte, waren die Menschen zufrieden.

Wenn man darüber nachdenkt, organisiert er die Dinge so gut, weil er sie richtig erfasst, ob sie groß oder klein sind. Manchmal überlässt er sie auch seinen Gehilfen, ohne sich einzumischen. Wenn er gefragt wird, gibt er auf eine Art Anweisungen, die belegen, dass er sich über nichts im Unklaren ist.

Vor einiger Zeit kritisierte der leitende Mönch eines Zen-Tempels einen Kameraden, der dafür berüchtigt war, seine Erleuchtung zur Schau zu stellen: »Du wendest dich gegen den Weg des [buddhistischen] Gesetzes. Ich werde dich umbringen!« Dann schlug er ihn zusammen. Mir wurde erzählt, das Opfer sei zum Krüppel geworden.

Naki na zo to hito ni wa iite arinubeshi
kokoro no towaba ikaga kotaen.

Ich kann den Leuten weiterhin erzählen,
das Gerücht sei unbegründet.
Doch wie soll ich antworten,
wenn mich mein Herz fragt?

Ich denke, die zweite Hälfte dieses Verses ist so bedeutsam, dass wir sie wie ein Gebet wiederholen sollten. Die Menschen neigen dazu, Dinge zu behaupten und sonst nichts zu tun. Sie geben sich den Anschein, weise zu sein, und verbergen, was sie wirklich sind. Sie sind denen unterlegen, die wirklich reinen Herzens sind. Solche Menschen sind nämlich aufrichtig. Wenn du in dein eigenes Herz schaust, wie es die zweite Hälfte des Verses verlangt, kannst du dich nirgends mehr verstecken. Dein Herz ist weise. Wir sollten uns so verhalten, dass wir davon nicht überrascht werden können.

Der Nagasaki-Streit

Der Nagasaki-Streit soll sich am 20. des zwölften Monats im Jahr 1700 in Nagasaki so zugetragen haben: Als zwei Nabeshima-Samurai, Fukabori San'emon und Shibara Buemon, an einem Diener des Takagi Hikoemon namens Sonai auf einer schneebedeckten und matschigen Straße vorbeigingen, spritzte, von San'emon oder Buemon verursacht, Dreck auf Sonais Kimono. Sonai verfluchte mit dem Hinweis darauf, für Hikoemon zu arbeiten, die beiden Samurai. Diese wurden wütend, schlugen Sonai zusammen und traten ihn in den Schlamm nieder. Sonai rannte davon und schwor, mit seinen Männern zurückzukommen, um Genugtuung zu verlangen.

Noch in derselben Nacht machte Sonai sein Versprechen wahr und kehrte mit einem Dutzend Männer zurück. San'emon und Buemon sahen das voraus und verteidigten sich mit ihren Schwertern. Doch offensichtlich mit besseren Absichten als Kampffähigkeiten versehen, wurden die beiden schon bald überwältigt und ernsthaft verletzt.

Als San'emons Sohn Kaemon davon hörte, eilte er zu Hikoemons Haus, um Rache zu nehmen. Buemons Diener und andere Verwandte begleiteten ihn. Am nächsten Morgen brachen insgesamt zwölf Männer in Hikoemons Haus ein und töteten die meisten Männer darin, auch Hikoemon, ohne eigene Verluste zu erleiden. Als der Kampf vorbei war, begingen San'emon und Buemon *seppuku*, nachdem sie geäußert hatten, ihre Wünsche seien erfüllt.

Am 21. des dritten Monats im folgenden Jahr erreichten die Urteile der Regierung in Edo bezüglich derer, die an dem Vorfall beteiligt waren, das Nabeshima-Lehnswesen: Tod durch *seppuku* für die verbleibenden zehn Männer und Exil für die neun, die nach dem Kampf noch bei Hikoemons Haus aufgetaucht waren, um zu helfen.

Zögere nicht, Fehler zu korrigieren

Konfuzius sagte: »Wenn du einen Fehler machst, zögere nicht, ihn zu korrigieren.« Wenn du das sofort tust, werden die Folgen des Fehlers erheblich vermindert. Zu versuchen, den Fehler zu verbergen, bringt nur Leiden.

Wenn du zum Beispiel bemerkst, dass du etwas gesagt hast, was du besser für dich behalten hättest, solltest du diesen Fehler unverzüglich zugeben. In diesem Fall bleibt das, was du gesagt hast, nicht bestehen. Kritisiert dich dann immer noch jemand, kannst du entgegnen: »Ich habe einen Fehler gemacht und ihn zugegeben. Wenn du denkst, das sei nicht genug, kann ich daran nichts ändern. Ich habe das, was ich äußerte, nicht im Hinblick auf dich gemeint, darum wäre ich dankbar, wenn du so tun könntest, als hätte ich dir nichts gesagt. Wir können es eben alle nicht vermeiden, gelegentlich etwas über andere zu äußern, nicht wahr?«

Unter keinen Umständen solltest du je ein Geheimnis oder Gerüchte über andere Menschen weitergeben. Wenn du mit einer Gruppe von Menschen zusammen bist, solltest du sorgfältig jedes Wort bedenken, das du äußerst.

Jenseits des Standards

Eine gute Handschrift sollte eigentlich kontrolliert und exakt sein. Tatsächlich wirkt sie dann aber oft nur steif und minderwertig. Sie sollte also etwas enthalten, was jenseits des Standards liegt. Dies gilt für alles andere auch.

Die Entscheidung treffen

Ittei sagte: »Du hältst dich selbst unnötigerweise für wertlos, wenn du einen wirklich vollendeten Mann ansiehst und dabei denkst, dass du nicht so gut sein kannst. Ein wahrhaft vollendeter Mann ist ein menschliches Wesen; das gleiche gilt für dich. In dem Moment, in dem du dich entscheidest, ihm nicht unterlegen zu sein, und neue Taten in Angriff nimmst, hast du die Essenz dieser Angelegenheit bereits begriffen. Sich im Alter von fünfzehn Jahren entschlossen zu haben, ein vollkommener Gelehrter zu werden, war das ganze Geheimnis jenes großen Mannes. Er wurde zu jenem großen Mann, weil er die Entscheidung dafür getroffen und dann hart dafür gearbeitet hatte.«

Ittei sagte auch: »In dem Augenblick, in dem du dich entscheidest, erleuchtet zu werden, bist du es bereits.«

Das wahre Vermögen eines Samurai

Mein Vater Yamamoto Shin'emon Yoshitada pflegte zu sagen: »Das wahre Vermögen eines Samurai sind die Menschen, die ihm beistehen. Du denkst womöglich, du könntest deinem Fürsten angemessen dienen, doch die Arbeit eines Kriegers kannst du nicht allein verrichten. Du musst dich darum bemühen, fähige Menschen in deiner Nähe zu haben. Wenn sie für dich arbeiten, musst du zuerst ihre Münder mit Nahrung füllen und dann deinen. Dann werden sie bei dir bleiben.«

Die meinen Vater kannten, erzählten sich: »Niemand von Shin'emons Status und Rang hat so viele Helfer wie er«, oder »Shin'emon hat mehr Anhänger als ich.« Viele Männer, die er selbst ausbildete, dienten dann Fürst Katsushige als Speerträger. Als er den Befehl empfing, einer Militäreinheit vorzustehen, lautete die Anweisung des Fürsten so: »Was die Mitglieder seiner Einheit angeht, so kann Shin'emon sie durch die ersetzen, denen er den Vorzug gibt.« Außerdem wurde ein besonderes Gehalt gewährt, und Shin'emon konnte die gesamte Einheit mit seinen eigenen Gefolgsleuten besetzen.

Bei den regelmäßigen Mondschauen pflegte Fürst Katsushige Shin'emons Männer auszusenden, um rituelles Salzwasser aus Terai zu besorgen, indem er sagte: »Lasst die Männer aus Shin'emons

Einheit diese Arbeit tun. Sie machen sich nichts daraus, an solche Orte vorzudringen, um an das Wasser zu kommen.«

Wenn dein Fürst so von dir abhängt, kannst du ihm nur mit Ergebung und Sorgfalt dienen.

Ein Samurai gibt niemals auf

Im *Kusunoki Masashige Hyogo Ki* heißt es: »Ein Samurai gibt niemals auf, weder um den Feind zu täuschen noch um des Kaisers willen.«[2]

---

[2] *Kusunoki Masashige Hyogo Ki* ist ein Buch mit Aussprüchen, die Kusunoki Masashige (1294-1336) zugeschrieben werden und das der Legende nach von Masashige selbst an Onchi Wada in Hyogo weitergegeben worden sein soll, ehe Masashige in eine hoffnungslose Schlacht zog. Der Originalabschnitt, auf den Tsunetomo sich bezieht, lautet:

»Wenn du von allen Seiten von deinem Feind umzingelt wirst, als einziger übrig bist und dich dann entscheidest, dich zu ergeben, um später etwas gegen den Feind zu unternehmen, bist du nicht länger ein mutiger Mann. Wenn du ans Überleben zwecks eines späteren Anschlags auf deine Feinde denkst, wirst du diesen niemals ausführen, denn wenn die Zeit dann reif wäre, würde dir etwas anderes einfallen, was deinem Leben nützlich sein könnte. Betrachte stattdessen deinen Feind und den Tod als ein und dasselbe, und handle entsprechend.«

Für einen vollendeten Mann

Im *Bushido Kosha Sho* (Über die Vollender des Weges des Samurai) heißt es: »Für einen vollendeten Mann gibt es eine Art, seinen militärischen Ruf zu begründen, die jenseits der Übung liegt.« Hierin liegt der Samen für Missverständnisse späterer Schüler. Nach »gibt es« sollte ein »auch« ergänzt werden. Shida Kichinosuke sagte: »Wenn du gezwungen wirst, zwischen Leben und Tod zu wählen, solltest du besser leben.« Shida ist ein Mann von Tapferkeit, er meinte das nicht ernst. Junge Menschen verstehen es aber so, als hätte er etwas für einen Samurai Unehrenhaftes gesagt. An anderer Stelle meint Shida jedoch: »Wenn du nicht weißt, ob du essen sollst oder nicht, lass es lieber bleiben. Wenn du nicht weißt, ob du sterben oder leben sollst, dann stirb.«

Der Tod ereilt jeden

Ob von edler oder niederer Herkunft, ob alt oder jung, ob erleuchtet oder nicht, jeder muss sterben. Alle wissen das, denken aber, dass sie erst sterben würden, wenn alle anderen schon in die jenseitige Welt entschwunden seien. Denke darum, dass dir nichts dabei helfen kann, dem Tod zu entrinnen. Die Gedanken der anderen sind nur ein Traum.

Die geheime Formel lautet daher, stets mit dem Tod zu rechnen und entschlossen zu sein, in jedem Moment sterben zu können.

Über Unbedeutendes ernsthaft reden

Wenn ein Mann über eine unbedeutende Sache ernsthaft und detailliert spricht, möchte er in Wirklichkeit etwas anderes sagen, doch durch sein lautes und nutzloses Geschwätz noch im Verborgenen halten. Das erzeugt aber nur Zweifel bei den Zuhörern.

Die Vernunft jenseits der Vernunft erkennen

Ob man Gerüchten lauscht oder offiziellen Ergebnissen von laufenden Untersuchungen, man kann nicht zur eigenen klaren Vernunft vorstoßen, wenn man bloß der Rhetorik lauscht, die der Redner an den Tag legt, und diese nicht analysiert. Der Zuhörer sollte vielmehr denken: »Der Redner nennt es schwarz, doch es sollte nicht schwarz sein. Es muss weiß sein, und dafür muss es einen Grund geben.« Solcherart zweifelnd stößt man auf höhere Vernunft. Wenn es erlaubt ist, diese gegenüber dem Redner zu äußern, so sollte man es tun, doch darauf achten, nicht dessen Gefühle zu verletzen. Wenn dies nicht möglich ist, sollte man dem Redner seine Überzeugung lassen, indem man schweigt. Diese »höhere Vernunft« ist verschieden von bloßer Vermutung, ungerechtem Vernünfteln oder Zweifeln aus niederen Beweggründen.

Dienst auf hohem Niveau

Einmal erzählte ich jemandem: »Es ist wahrlich eine Freude, dich so wohlerzogen und gewissenhaft zu sehen. Nun musst du aber einen Schritt weitergehen. Dein gegenwärtiges Denken ist noch bedauernswert, weil du auf dein künstlerisches Talent so viel Wert legst. Als Meister einer Kunst verwirfst du den Status der Samurai, der generationenlang aufrechterhalten wurde. Darum halten Gefolgsleute in diesem Lehnswesen schon lange künstlerisches Talent für eine Ursache des Niedergangs eines Clans.

Das höhere Niveau, auf dem du Dienst tun solltest, führt dazu, dass man dich für einen herausragenden und lobenswerten Samurai hält und zum Minister ernennt, sobald der Clan einen benötigt. Wenn nützliche Gefolgsleute rar sind, werden die Fehler eines Mannes, die in der Vergangenheit liegen, schnell vergessen. Den Clan als Minister zu verwalten, gilt als höchste Form des Dienstes.

Selbst wenn du nicht dazu berufen wirst, wird dein Entschluss, auf solche Weise dienen zu wollen, dem Clan stets nutzen. In Notlagen werden Höhergestellte dich privat aufsuchen; ihnen zum Wohle des Clans Rat zu erteilen bedeutet ebenfalls treuen Dienst. Ein Mann, der an nichts als den Dienst für den Clan denkt und andere dabei übertrifft, wird niemals links liegengelassen.«

Als dieser fragte, ob auch er es so weit bringen könne, antwortete ich: »Das ist ganz leicht. Du musst dich nur jeden Augenblick auf dieses Ziel konzentrieren. Ich kenne noch einen anderen Weg, deine Fähigkeiten im ganzen Lehnswesen innerhalb von nur zehn Tagen bekanntzumachen.

Es gibt da einen Neureichen, der von jedem gefürchtet wird. Neulich sprach ich mit ihm. Er ist ein geschickter Redner und versteht es, seine Überlegenheit weithin bekanntzumachen. Wenn morgen jemand etwas behauptet, zertrümmert er diese Behauptung sofort, indem er den Gegner mit tausend Argumenten schachmatt setzt und zum Schweigen bringt. Das erstaunt die Menschen so sehr, dass sich bald darauf sein Name noch weiter verbreitet. Solange man keinen gefürchteten Mann zum Schweigen bringt, kann man andere nicht beeindrucken.«

Darauf bemerkte mein Gesprächspartner: »Wie herausragend dieser Neureiche doch ist!« Was mich ihn ermahnen ließ: »Wenn du so denkst, wirst du nie eine große Aufgabe bewältigen. Was könnte an ihm so herausragend sein? Du darfst deinem Geist nicht erlauben, von irgendeinem anderen übertroffen zu werden. Nur dann kannst du echten Herausforderungen begegnen.

Übrigens ist Yoshitsunes Betonung von Mut, Weisheit und Gnade interessant. Selbst heutzutage braucht ein Mann unter vierzig Jahren Mut, Weisheit und Gnade. Der Neureiche war auch so einer, der mit seinem Mut, seiner Weisheit und seiner Gnade hausieren ging.

Des Weiteren kritisiere nicht vor anderen den Fürsten, die Minister oder Ältere des Clans, selbst wenn du gute Gründe für deine Kritik hast. Auch wenn du es vorziehst, keine unvernünftigen Dinge von diesen zu vernehmen, antworte ihnen stets: ›Ihr habt recht.‹ Lobe sie sogar vor anderen, damit diese sich ihnen verbunden fühlen. Sorge dafür, dass denen in hohen Ämtern vertraut wird. Die Menschen sind launenhaft. Wenn einer hochgelobt wird, stimmen sie gerne in die Hymnen ein; wird einer schlechtgemacht, denken andere schnell Übles über ihn.

Noch etwas. Ich hörte, dass jemandem von einem Clan-Beamten gesagt wurde, er solle sich woanders um einen Gefolgsdienst bewerben. Wenn dir das passiert, zögere nicht, deine Meinung zu sagen, egal, wie vertraut ihr seid. Wenn du nämlich höflich bleibst und ohne Widerspruch den Befehl annimmst, wirkst du nur unsicher. Es kann dann sein, dass dich ein Mann, der dich einst unterstützte, fallenlässt.

Jener Betroffene soll damals geantwortet haben: ›Selbst wenn ich nichts mehr zu essen bekomme und verhungere, ich bleibe Gefolgsmann in diesem Clan. Meine Treue zum jetzigen Fürsten auf jemand anderen zu übertragen ist mir unmöglich, was Buddha und die Götter auch immer empfehlen mögen.‹«

Ein Schwertangriff innerhalb des Palastes

Einmal stellte ich dem Mönch Genshin eine Frage: »Du sollst gesagt haben: ›Im Palast sollte niemand auf die Herausforderung eines anderen eingehen, der plötzlich sein Schwert zieht und ihn verwundet. Er sollte den Vorfall sofort melden, woraufhin man ihn für vernünftig hielte, selbst wenn der andere einen Grund für seine Attacke gehabt hätte.‹ Muss er die Schmach also wegstecken und auf eine spätere Revanche hoffen?«

Der Mönch erwiderte: »Diese Situation erfordert bedächtige Worte. Er sollte den Angreifer vor den Inspektor bringen oder diesem allein berichten, wie sich der Fall chronologisch zugetragen hat: ›In einer solchen Situation finde ich es schwer, dem Angreifer zu vergeben. Da der Vorfall aber im Palast stattfand und um den Frieden des Fürsten nicht zu stören, nehme ich von der eigentlich angebrachten Reaktion Abstand. Ich habe mein Leben aufgegeben. Bitte versteht die Tiefe meines Empfindens.‹ Sollte der Angreifer nicht bestraft werden, kann das Opfer ihn unverzüglich erschlagen, da es sein Leben bereits aufgegeben hat.«

Ein Gefolgsmann, der wieder in den Dienst eintritt

Ein Gefolgsmann, der wegen eines Vergehens einst aus dem Dienst entlassen wurde und nun wieder eingestellt wird, sollte besser dumm und derb erscheinen. So kann er seinen Geist stabilisieren und ausrichten. Je mehr er die wohltätige Behandlung der Gefolgsleute in seinem Clan schätzt, die seit Generationen überliefert wurde, desto bedeutsamer wird seine Verpflichtung gegenüber dem Fürsten. Darum würde ein solcher Gefolgsmann sich bei einer gelegentlichen Entlassung nichts Besonderes denken. Diese Nähe zwischen Fürsten und Gefolgsmann ist herausragend. Selbst wenn Gautama, Konfuzius oder die Sonnengöttin auftauchten und andere Ratschläge erteilten, der Glaube an das Band zwischen Fürsten und Gefolgsmann könnte nicht erschüttert werden. Wirf ihn ins Inferno oder lass ihn göttliche Strafen erleiden – ein Gefolgsmann benötigt nichts als seine Ergebenheit dem Fürsten gegenüber. Solange er nicht davon überzeugt ist, könnte er noch von augenscheinlich vernünftigen Argumenten angezogen werden. Doch weder Götter noch Buddha halten jene Ergebenheit dem Fürsten gegenüber für falsch.

Wie man aus einem lasterhaften Samurai einen Mann macht

Die Zurechtweisung eines Samurai, dem du moralisch verpflichtet bist, mit dem du vertraut stehst oder der dich unterstützt, muss geschickt und im Stillen erfolgen, selbst wenn der Samurai ein Laster hat. Du musst dich zwischen den Samurai und andere stellen und ihn vor übler Nachrede bewahren, ihn bei jeder Gelegenheit loben, der einzige nahe Freund von ihm werden und ihn gegen eine Mehrheit von Menschen verteidigen. Unterdessen weise ihn im Vertrauen auf eine Art zurecht, die er annehmen kann. So heilt seine böse Wunde, und er wird ein brauchbarer Samurai. Derjenige, der zurechtweist, sollte den Mann mit Fehlern nachsichtig behandeln und sich doch stets wünschen, diesen Mann zu verbessern.

Zeige Stärke durch Lärm

Einige junge Knappen waren nachts auf einer Fähre, als ein Schiff die Fähre rammte. Ein paar Seemänner des Schiffes sprangen auf die Fähre und riefen: »Im Namen der Meere – euren Anker!« Ein Knappe brüllte ihnen entgegen: »Das gilt nur für Seeleute. Wie könnten wir euch den Anker eines Schiffes ergreifen lassen, das Samurai trägt? Kameraden, erschlagt sie alle und werft sie ins Meer!« Davon überrascht, flohen alle Angreifer. In solch einem Fall ist es wichtig, sich wie ein Samurai zu verhalten. Es ist ratsam, ein so kleines Problem durch einfaches Herumschreien zu lösen. Wenn man sich zu viel Zeit lässt, kann ein kleines Problem zu einem ernsten werden, dass dann jenseits jeder Kontrolle liegt.

Warum Menschen heutzutage lethargisch sind

Von einem gewissen Gefolgsmann wurde Folgendes vernommen: »Wenn Samurai sagen: ›Wir sind heutzutage auch ohne Schlachten glücklich‹, sind sie nicht vorbereitet. Wie sehr wünschte ich mir, während meines kurzen Lebens einmal auf einem Schlachtfeld zu stehen! Es ist mir unerträglich, in Friedenszeiten im Widerspruch zu meinem Kriegergeist im Bett zu sterben. Samurai vergangener Epochen wären zutiefst betrübt. Denn nichts ist befriedigender, als in einer Schlacht getötet zu werden.«

Es wäre anmaßend, einer solchen Aussage zu widersprechen, besonders, da sie von einem älteren Samurai stammt. Wenn man ihn dafür nicht rügt, ist man auf der sicheren Seite, genauso, wenn man Übereinstimmung mit ihm bekundet. Jedoch könnte jemand auch, ohne die Gefühle des alten Mannes zu verletzen und andere Anwesende aufzubringen, Folgendes einwerfen: »Nun, es scheint, dass Menschen heutzutage vom Leben in Frieden nicht so sehr geschwächt werden. Sie sind ohne Krieg einfach nur lethargisch. Würde etwas Ernstes anliegen, würden sie sogleich mannhafter werden. Das trifft ebenso auf Menschen früherer Zeiten zu. Selbst wenn nicht – Vergangenes ist vergangen. Da heute alle Menschen lethargisch sind, gibt es keinen Grund, allein die Jungen zu beschuldigen.« In solch friedvollem Geist sollte dies vorgetragen werden.

Gehen, bevor ein anderer Gast kommt

Einmal begleitete ich einen Kameraden zu einem offiziellen Besuch. Wir saßen bei einem kleinen Gespräch im Haus des Gastgebers. Dieser sagte: »Bitte bleibt noch ein Weilchen. Ich wünschte sogar, ihr könntet bis zum Abendessen bleiben, doch ein anderer Gast wird noch kommen.« Kurz danach gingen wir. Jemanden zu verlassen, nachdem einem gesagt wurde, dass ein anderer Gast kommen wird, gibt einem ein Gefühl von Ausgeschlossensein.

Wie man einen Diener entlässt

Der verstorbene Yamamoto Jin'uemon behielt einen Diener, der sich danebenbenahm, den Rest des Jahres und entließ ihn erst dann, ohne ihm sein Fehlverhalten vorzuwerfen.

Sei vorsichtig in deinen Aussagen

Mach keine beleidigenden Bemerkungen. Sei sorgsam. Wenn ein problematischer Sachverhalt ans Licht kommt, neigen die Menschen dazu, in Verwirrung darüber zu reden, ohne sich genau auszukennen. Das ist nutzlos. Wenn das Schlimme zum Schlimmsten wird, führt es zu heftigen Auseinandersetzungen. Selbst wenn die Dinge nicht so weit kommen, laden beleidigende Worte Feinde ein, die voller Missgunst sind. Unter solchen Umständen ist es besser, daheimzubleiben und sich mit Gedichten und Ähnlichem zu beschäftigen.

Der verstorbene Kazuma hat gesagt: »Die grundlegende Philosophie der Teezeremonie liegt im Reinigen der sechs Wurzeln der Wahrnehmung. Eine Hängerolle mit einem Bild oder einer Kalligraphie, oder eine Vase mit kunstvoll arrangierten Blumen zu sehen, den aromatischen Duft von Weihrauch zu genießen, einem pfeifenden Teekessel mit kochendem Wasser zu lauschen, duftenden Tee zu schmecken und das eigene Benehmen zu korrigieren macht die Vollendung der fünf Wurzeln rein und klar. Diese fünf Wurzeln bedingen die sechste Wurzel, ein reines Herz. Schließlich reinigt die Teezeremonie den Geist.

Tag und Nacht vergesse ich nie diese Philosophie der Teezeremonie. Dieser Weg liegt jenseits von bloßer Unterhaltung.« Er sagte auch: »Die Utensilien der Teezeremonie müssen innerhalb des eigenen Weges und der eigenen Mittel liegen. Ein altes chinesisches Gedicht sagt: ›Das Dorf ist von dicken Schichten Schnee bedeckt. Vergangene Nacht erblühten zahlreiche Pflaumenzweige.‹

Der Dichter berichtigte *›ein* Zweig erblühte‹, denn ›zahlreiche Zweige‹ hielt er für zu verschwenderisch. ›Ein Zweig‹ macht das Gedicht einfacher und feiner.«

Farbe für eine bewegende Nachricht

Fürst Kobayakawa Takakage entsandte einen Gehilfen mit einer komplizierten Nachricht zum Fürsten Naoshige in Saga, der ihm beibringen sollte, *wie* die Nachricht schließlich mitzuteilen sei. Fürst Naoshige empfing den Boten und sagte: »Deine Nachricht selbst ist tadellos. Du solltest nur etwas mehr Farbe hineinbringen. No-Dramen und Gesänge aus dem *Heike Monogatari,* die von erfahrenen Künstlern vorgetragen werden, rühren die Zuhörer zu Tränen. Wenn sie jedoch auf armselige Weise rezitiert werden, geschieht nichts, auch wenn die Worte und Töne die gleichen sind. Diesen Rat gebe ich dir.« Es heißt, der dankbare Gesandte wurde davon tief bewegt.

Sei stets auf der Hut

Fürst Nippo erzählte einem Gefolgsmann während der Nachtwache: »Ein Samurai sollte stets wachsam sein. Unerwartete Dinge mögen eintreten, wenn du nicht auf der Hut bist, und zu Fehlern führen. Auch solltest du, wenn von einem anderen schlecht geredet wird, davon Abstand nehmen, ihn selbst so zu missbrauchen. Im Dienst solltest du stets den anderen voraus sein. Nimm nur an einem Vergnügungsausflug teil, wenn du darum gebeten wirst. Wenn ein anderer über etwas spricht, wovon du nichts verstehst, ist es schlechtes Benehmen, so zu tun, als wüsstest du Bescheid. Wenn umgekehrt ein anderer wissen will, was du weißt, ist es schlechtes Benehmen, es ihm nicht zu sagen.«

Samurai aus Kyushu mangelt es am einen *Geist*

Eines Tages saß der junge Fürst Katsushige mit anderen Fürsten aus verschiedenen Bezirken beisammen. Einer von ihnen meinte: »Die Leute sagen, den Samurai aus Kyushu ermangele es an dem *einen* Geist.« Niemand bemerkte, dass Fürst Katsushige aus Kyushu stammte. Ein anderer Fürst fragte: »Was bedeutet das?« Woraufhin Fürst Katsushige barsch verkündete: »Hier ist jemand aus Kyushu. Ich bin mir dessen wohl bewusst, dass es den Samurai aus Kyushu, wie ihr sagt, an *einem* Geist mangelt.« Jeder war betroffen von seinen Worten. Schließlich sagte jemand: »Nimm unsere Entschuldigung an. Sicher stammst du aus Kyushu. Wessen aber bist du dir noch gleich bewusst?« Fürst Katsushige antwortete: »Der uns fehlende *eine* Geist, um das klarzumachen, heißt Feigheit.«

Zeigt den Eltern auf ihrem Totenbett keine Tränen

Fürst Katsushiges Leben war in einem kritischen Zustand, seine Frau besuchte ihn ein letztes Mal an seinem Bettlager. Sie brachte ihr Gesicht dem seinen nahe und sprach laut: »Was für ein wunderbarer Augenblick, dein Leben zu beenden! All die Jahre hast du dich als Krieger ohne Tadel hervorgetan, dein Lehnswesen befriedet und für reichlich Nachkommenschaft gesorgt. Du hast den Vorsitz der Familie abgegeben und bist nun jenseits der Achtzig. Weil du unvergleichliche Leistungen vollbracht hast, musst du auf nichts mit Bedauern zurückschauen. Darf ich dir Lebewohl sagen!«

An Katsushiges Bett befand sich auch Ocho, eine seiner verheirateten Töchter, die weinte. Ihre Mutter warf ihr einen wütenden Blick zu und schimpfte: »Wie kannst du es wagen, wenn du auch eine Frau bist, deinem Vater in seinem letzten Augenblick ohne verständlichen Grund deine Tränen zu zeigen!« Danach, so sagt man, sei sie energisch von dem Bettlager aufgestanden und habe sich entfernt.

Nach Fürst Katsushige sterben

In dem Augenblick, als Fürst Katsushige starb, zerbrach sein Apotheker Nabeshima Uneme all seine medizinischen Utensilien. Kizaemon, der für Katsushiges Siegel verantwortlich war, zerbrach in Gegenwart von Fürst Mitsushige, dem Erben, alle Siegel. Dann badeten die beiden Katsushiges Körper für die Einäscherung, legten ihn in seinen Sarg und brachen mit gesenkten Köpfen in Tränen aus.

Das Haus brennt

Ein Feuer brach in Kinoshita Goheis Haus aus, Flammen züngelten innerhalb des Fürstenpalastes. Seine Ratgeber ließen den Fürsten fragen, ob die Feuerwehr kommen solle. Der Fürst antwortete: »Ich bin müde, darum mache ich ein Nickerchen. Wenn mein eigenes Haus in Flammen steht, weckt mich auf. Es könnte niederbrennen, ebenso die Bibliothek.« Unbekümmert ging der Fürst dann zu Bett.

Essen und Trinken, das vom Feind kommt

In der Schlacht gegen die Otomo-Familie brachte ein Gesandter des Feindes Essen und Trinken zum Lager des Fürsten Takanobu. Erfreut wollte der gerade die Geschenke annehmen, als ihn seine Gehilfen davor warnten: »Die Speisen könnten vergiftet sein und sollten nicht einfach so von einem Kommandanten eingenommen werden.« Doch der Fürst lehnte die empfohlenen Vorsichtsmaßnahmen ab: »Welchen Schaden kann irgendein Gift schon in mir anrichten? Holt den Gesandten her.«

Der Gesandte leistete dem Fürsten Gesellschaft, der den Deckel des großen Sake-Fasses aufschlug, in schneller Folge drei große Becher trank und dem Gesandten einschenkte. Währenddessen diktierte er eine Antwort an den General des Feindes und schickte den Boten zurück.

Nakano Matabei zieht in die Shimabara-Schlacht

Zur Zeit des Aufstandes der Shimabara-Christen war Matabei mit einundzwanzig Jahren ohne Gehalt Kommissar von Nishime und wurde von Pocken heimgesucht.

Als sich die Nabeshima-Armee zur Schlacht bei Shimabara formierte, tauchten Boten um Boten von anderen Mitgliedern des Clans bei Matabei auf, mit der immer gleichen Nachricht: »Ich werde in die Schlacht ziehen. Kuriere du erst mal deine Pocken aus, und wenn du wieder richtig gesund bist, folge mir.« Die Nachricht von Nabeshima Gorozaemon, dem Schwiegersohn von Matabeis Schwester, klang schroffer: »Nun unter Pocken zu leiden, wenn der Krieg beginnt, heißt: Das Kriegsglück hat dich verlassen!«

Diese Nachricht ließ Matabei aus seinem Bett hochfahren. Er sprach: »Gorozaemon hat recht! Ich muss mich auf alle Fälle trotz dieser lästigen Umstände auf den Weg machen.« Das war am zwölften Tag nach Ausbruch seiner Krankheit. Erschüttert glaubten die ihm Nahestehenden, er sei verrückt geworden, wurden aber von Matabei versichert: »Ich bin nicht verrückt! Gorozaemons Nachricht hätte nicht besser formuliert sein können. Wie könnte ein Samurai seine Ehre ungetrübt erhalten, wenn er aus Krankheitsgründen nicht in den Krieg zöge? Wenn ich auf halbem Weg zum Schlachtfeld tot umfiele, wäre ich zufrieden, weil ein solcher Tod dem in der Schlacht gleichkäme. Ich muss unter allen Umständen aufbrechen.«

Daraufhin entschieden sie sich, seinen Körper mit warmem Wasser zu reinigen, gossen aber in der Hektik versehentlich kaltes Wasser in die Wunden. Das verursachte Matabei größte Übelkeit und ließ ihn beinahe ohnmächtig werden. Da biss er die Zähne zusammen, begab sich nach Saga und eilte mit Nakano Takumi nach Shimabara. Auf dem Weg bestieg er ein gepäckfreies Lastpferd und entdeckte in der Nacht Schwellungen an seinen Füßen. Dank warmer Druckverbände, die in Reiswaschwasser eingetaucht worden waren, gingen die Schwellungen am folgenden Morgen zurück.

Danach erreichte er Shimabara ohne weitere Schwierigkeiten, kämpfte tagein und tagaus und wurde vom Fürsten für seinen entschiedenen Dienst mit zwanzig Silbermünzen belohnt. Seine Ehre hielt er dank der wenigen Worte Gorozaemons aufrecht, der seinen Kampfgeist angestachelt hatte. »Pocken und Ähnliches sind keine Feinde, wenn jemand starke Willenskraft besitzt.« So hörte man Matabei reden ...

Priester Denko, Rächer aus dem Ryu'unji-Tempel

Der Mönch Denko, der im Taku-Bezirk geboren wurde, hatte einen älteren Bruder namens Jirobei, einen jüngeren Bruder und seine Mutter. An einem Septembertag ging seine Mutter zu einer Predigt, begleitet von Jirobeis Sohn.

Nach der Predigt trat Jirobeis Sohn, als er nach seinen Strohsandalen suchte, aus Versehen auf den Fuß eines Mannes. Dieser beschimpfte sofort den jungen Mann und erstach ihn schließlich mit einem Kurzschwert. Geschockt ergriff Denkos Mutter den Mörder, der auch sie erstach. Dieser Mann hieß Gorozaemon und war ein Sohn des Nakajima Ro'an, der seinen Status als Gefolgsmann verloren und einen *yamabushi*[3] zum Bruder hatte. Da er ein Weggefährte von Fürst Mimasaka war, erhielt auch Gorozaemon von diesem seinen Lebensunterhalt.

Als er von den Ereignissen hörte, lief Denkos jüngerer Bruder zu Gorozaemons Haus, um seine tote Mutter und seinen Neffen zu rächen. Die Haustür war von innen fest verriegelt, und niemand kam heraus. Doch als er mit seiner Stimme einen Besucher vortäuschte, öffnete sich die Tür einen Spaltbreit, woraufhin Denkos jüngerer Bruder seinen Namen nannte und Gorozaemon in einen Schwertkampf verwickelte. Gemeinsam fielen sie in eine Müllgrube, wobei Gorozaemon getötet wurde. Sein *yamabushi*-Bruder, der zur Hilfe eilte, erschlug jedoch Denkos jüngeren Bruder.

Als Denko selbst davon erfuhr, ging er zu Jirobei und beschwörte ihn: »Es betrübt uns zu Tode, dass nur einer von ihnen und drei von uns tot sind. Bitte, lass uns die anderen töten.« Jirobei hingegen zeigte kein Anzeichen von Zustimmung. Der Verdruss nagte an Denkos Herzen, weshalb er beschloss, trotz seines Mönchstatus seine Mutter

---

3 Bergmönch eines synkretistischen Buddhismus, der Schwert und Priesterstock mit sich führt.

und seinen Neffen selbst zu rächen. Weil er noch ein niederrangiger Mönch war, erwartete er besonders harsche Vergeltungsmaßnahmen vom Fürsten Mimasaka, wenn der Rachefeldzug einmal durchgeführt wäre. Nach gehöriger Anstrengung machte er sich darum zum Laienmönch eines Tempels. Unter dem Vorwand, sie seien für seine Kalligrafie-Schüler gedacht, ließ er sich von dem Schmied Iyonojo ein Paar Schwerter anfertigen.

Am dreiundzwanzigsten September des folgenden Jahres verließ er heimlich sein Quartier im Aufzug eines Laien. In Taku traf er seinen Feind, den *yamabushi,* wie er mit anderen dem Ritus des »Wartens auf den aufgehenden Mond« beiwohnte. Obgleich es jenseits seiner Kräfte zu sein schien, den Racheakt bei solch einer Gelegenheit auszuführen, konnte er ihn nicht länger hinauszögern. Da kam ihm die Idee, Ro'an, den Vater des *yamabushi,* zu erschlagen.

So brach er in Ro'ans Haus ein, verkündete seinen Namen und den Grund seines Einbruchs und stach wieder und wieder auf den im Bett sitzenden Ro'an ein, bis dieser tot war. Der Tumult zog Menschen aus der Nachbarschaft an. Von diesen umzingelt, erklärte Denko die Umstände und warf seine Schwerter fort. Die Nachricht davon erreichte schon bald danach die Hauptstadt Saga. Als Denko zu seinem Tempel zurückkehren musste, begleiteten ihn viele Gemeindeglieder auf seinem Weg von Taku aus.

Während Fürst Mimasaka vor Wut kochte, konnte er doch den Fall nicht nach seinem Gutdünken abhandeln, weil Denko Laienmönch eines Tempels war, der vom Fürsten des Hauptlehens gebaut worden war. Er sandte jemanden mit der Bitte zum Kodenji-Tempel, dass Denko für den Mord zum Tode verurteilt werden solle. Die Antwort Tannens lautete: »Welche Strafe auch immer jemandem in unserer Sekte zuteil wird, obliegt meiner Entscheidung.«

Fürst Mimasaka, der von dieser Antwort nur noch mehr erzürnt wurde, hakte nach, welche Strafe denn genau Denko erwarte. Tannen erwiderte: »Es wird dir nicht guttun, meine Antwort zu vernehmen. Die Regel, mit einem Mönch zu verfahren, der sich gegen Buddha versündigt hat, lautet, ihm die Priesterwürde zu entziehen und ihn zu verbannen.«

Als Denko zu weltlichem Leben verurteilt und vertrieben war, begleiteten ihn seine Schüler, mit Schwertern bewaffnet, zusammen mit Scharen von Gemeindegliedern zu einem sicheren Ort. Auf dem Weg tauchten viele jägergleiche Männer auf und fragten die Gruppe, ob sie aus Taku käme. Schließlich ließ sich Denko in der Provinz Chikuzen nieder. Die Geschichte der Blutrache wurde weithin bekannt, wodurch er überall von den

Menschen gut behandelt wurde. Er freundete sich sogar mit Angehörigen der Samurai-Klasse an.

Eine Samurai-Frau nimmt Rache

Ko'uemons Frau war die Tochter von Kambara Kihei, der dem Fürsten Yamagi diente. Die verarmte Kurokawa-Familie musste von einem Unterhalt von zwei *koku*[4] leben. Ihr nächster Nachbar war Tokunaga Sanzaemon, der sich im Reichtum aalte.

Am fünfzehnten Tag des achten Monats, dem Festtag des dörflichen Schreines, wo der Vater von Kurokawas Ehefrau lebte, wollte deren Familie dem Heiligtum ihre Ehrerbietung erweisen. Um den Schrein und das Haus seines Schwiegervaters besuchen zu können, sollten sie aber unbedingt ein Moskitonetz zurückbringen, das sie sich einst vom Schwiegervater geliehen hatten, dann aber als Sicherheitsleistung beim Nachbarn Sanzaemon lassen mussten, weil sie sich von ihm Geld geliehen hatten. Der Schwiegervater aber brauchte nun das Netz für die Besucher, die aus Anlass des Festes über Nacht bei ihm bleiben wollten.

---

[4] Volumeneinheit für getrocknete Reiskörner. Ein *koku* fasst etwa 180 Liter und reichte aus, um jemanden ein Jahr lang ernähren zu können.

So ging Ko'uemon also zu seinem Nachbarn Sanzaemon und erklärte ihm die Angelegenheit, um sich für ein paar Tage das Moskitonetz leihen zu können. Sanzaemon aber wies das Anliegen brüsk zurück: »Es ist ganz unvernünftig von dir, dieses Pfand zurückzuverlangen, ohne mir auch nur einen Heller von dem Vermögen zurückzuzahlen, das ich dir einst geliehen habe. Darum bleibe fortan meinem Haus fern. Schreib mir eine Notiz, dass es dir nichts ausmacht, beim nächsten Mal, wenn du hierherkommst, von mir erschlagen zu werden.«

Ko'uemon, der zu späterem endgültigem Handeln entschlossen war, hinterließ tatsächlich eine solche Notiz mit seiner Unterschrift und begab sich nach Hause. Er vollzog den geplanten Besuch des Schreines, erledigte heimlich am siebenundzwanzigsten des Monats seine persönlichen Angelegenheiten, fertigte aus der ersten Reisernte am achtundzwanzigsten spät in der Nacht Reiskuchen und legte sie ans Bett seiner Kinder.

Ohne seiner Frau Bescheid zu geben, begab sich Ko'uemon dann zu Sanzaemon und brüllte durch ein Fenster seinen Groll gegen diesen heraus. Er verkündete, gekommen zu sein, um Sanzaemon zu erschlagen, und forderte diesen zu einem Duell heraus. Der jedoch hielt seine Haustür von innen fest verschlossen und blieb ruhig. Seine Tochter Oichi sandte er geschwind zu seinem Bruder

Yozaemon, der in einem Nebengebäude lebte. Yozaemon ging ums Haus herum und schwang hinter Ko'uemon sein Schwert, wobei er Ko'uemon seitlich am Kopf verletzte. Dieser wich zurück und nahm den Schwertkampf auf, der eine Weile andauerte. Yozaemon verwickelte sich in Reisstroh am Boden und fiel hin, Ko'uemon ebenfalls, doch konnte er dem Gegner in liegender Position eine Schnittwunde am Bauch beibringen. Dann kamen beide wieder auf die Füße und kämpften weiter, wobei Yozaemon den Streit zu verlieren schien und außerhalb des Tores getrieben wurde. Schließlich gelang es ihm aber doch noch, Ko'uemon zu erschlagen.

Ein Nachbar namens Shinsuke eilte zum Tatort und trug den toten Ko'uemon auf seinem Rücken in dessen Haus. Als sie den Aufruhr vernahm, rannte seine Ehefrau mit einer Sichel in der Hand hinaus, um auf ihren Gatten zu treffen. Beim Anblick des Leichnams schleuderte sie die Sichel zu Boden und schrie: »Wie grauenhaft!« Dabei bleckte sie ihre Zähne. Sie nahm das Kurzschwert von Ko'uemon und lief zu Sanzaemons Haus. Dort rief sie nach ihm. Obwohl niemand antwortete, wurde plötzlich von innen eine Hellebarde herausgestoßen, um sie zu töten. Sie zerrte jedoch dermaßen stark an der Hellebarde, dass das Fenster zerbrach. Dann rannte sie ins Haus, schlug kräftig auf Sanzaemon ein und brachte ihm viele

Wunden bei, bis Sanzaemons Hausdiener herbeieilten und sie töteten.

Der verwundete Sanzaemon verschied am ersten September. Am vierten beging Yozaemon *seppuku*[5]. Es heißt, dass sie beide im Komeji-Tempel bestattet wurden.

Yoshida Kichinosuke

Kichinosuke, der dem Fürsten Masaie als Knappe gedient hatte, adoptierte Ishida Keishun als seinen Sohn (wenn auch einige behaupten, dieser wäre eigentlich Kichinosukes eigener Bruder gewesen). Er machte ihn zum Oberhaupt der Familie und setzte sich selbst zur Ruhe. Da Fürst Mimasaka sein Vertrauter war, besuchte Kichinosuke ihn häufig in dessen Residenz zu zwanglosen Plaudereien. Von Kichinosukes tiefer Einsicht bewegt, erbat Fürst Mimasaka stets im Vertrauen dessen Rat in ganz verschiedenen Angelegenheiten und sann darüber nach, wie er später Kichinosuke für eine wichtige Aufgabe wieder einstellen und mit einer großen Belohnung versehen könne.

Kichinosuke ahnte dies und verhielt sich fortan wie ein Narr. Er verkaufte seltsame Augentropfen,

---

[5] Diese rituelle Selbsttötung wurde in der Regel sowieso vom Fürsten als Strafe für beide Parteien angeordnet, die einen Schwertkampf anzettelten.

behielt den Besitz anderer Menschen als Pfand, lieh sich selbst Geld, tanzte No auf den Straßen und hob den Saum seiner Kleider hoch, wenn er einen wilden Hund traf, wobei er sagte: »Ein Biss in die Beine heilt, ein Biss in die Kleider jedoch nicht.« All das verstärkte aber nur Fürst Mimasakas Entschluss, ihn wieder in den Dienst zu nehmen, denn der Fürst durchschaute den Samurai wohl.

Kichinosuke sah auch das voraus und benahm sich sodann wie ein hoffnungsloser Feigling. Er duckte sich unter einem *torii,* dem Tor eines Shinto-Schreins, als würde es auf ihn stürzen, und schlief dicht bei einem Graben, wobei er sprach: »Wenn ich von einem Mörder angegriffen werde, kann ich in den Graben springen, um mein Leben zu retten.« Sein wahres Herz verbarg er häufig hinter Sprüchen wie: »Besser ans Kreuz geschlagen zu werden, als bei einer Exekution geköpft; am Kreuz lebt man doch ein bisschen länger.« Oder: »Wenn man in eine Situation gerät, in der man tot oder lebendig keinen Ruhm erlangen kann, ist es besser, am Leben zu bleiben.«

Einmal stieß er auf seinem Weg in die Provinz Chikugo, wo er seine Augentropfen verkaufen wollte, auf eine Gruppe von Banditen, erschlug drei von ihnen und verwundete zwei, die flüchteten. Obwohl er niemandem davon erzählte, wurde der Vorfall bekannt. Die Menschen lobten ihn:

»Was für ein Samurai!« Kichinosuke antwortete: »Ich bin des Lobes nicht wert. Nur die Furcht brachte mich zu dieser Tat. Mir wurde klar, wenn ich die Räuber nicht tötete, würden sie mich umbringen. Ich tat es nur, um am Leben zu bleiben.« Solche Dinge passierten immer wieder. Er häufte Geld an, versteckte es auf dem Grund des Grabens, in Löchern der Hauspfeiler oder hängte es an einen Balken. So verbrachte er sein Leben hinter der Maske eines gierigen Feiglings. Später ließ er das Tor zu einem Tempel bauen und lebte in einer kleinen Hütte nahe dem Mausoleum von Fürst Masaie bis ans Ende seiner Tage.

Als Großfürst Mitsushiges Herrschaft begann, erbat Fürst Mimasaka den Rat von Kichinosuke: »Wie man mit der Verwaltung des Lehnswesens unter einem neuen Herrscher beginnt, ist von höchster Wichtigkeit. Dazu hat Großfürst Katsushige ein paar schriftliche Anweisungen hinterlassen, lass mich deine Meinung dazu hören.«

Als ein paar Abschnitte vorgelesen waren, merkte Kichinosuke an: »Das ist langweilig. Bitte, lasst mich gehen!« Das brachte Fürst Mimasaka in Rage, woraufhin Kichinosuke sprach: »Obwohl ich dich für einen brauchbaren Clanführer hielt, taugst du zu nichts. Ich sage dir, warum.

Zuallererst muss ein Clanführer darauf achten, dass jeder Gefolgsmann des Clans den Großfürsten bewundert. Wenn du dieses Schreiben den

Gefolgsleuten zeigtest, würden sie Fürst Katsushige dafür loben. Würde der Wille eines solchen Mannes gar zu einer Zeit bekannt, wenn die Tränen der ihm Nahestehenden kurz nach seinem Tod noch nicht getrocknet wären, würden die Samurai den Fürsten noch mehr verehren.

Die Gefolgsleute sind noch nicht an einen neuen Fürsten gewöhnt. Sie fragen sich, wie geschickt der neue Fürst wohl ist, der in Edo geboren wurde. Im Moment wird also wohl niemand sich dem Neuen nahe fühlen, fürchte ich. Ein wahrhaft treuer Clanführer würde also besagtes Schreiben als eine Idee des neuen Fürsten ausgeben und niemals etwas über die wahre Herkunft verraten. Dann würden die beeindruckten Gefolgsleute zum ersten Mal zum neuen Fürsten aufschauen und ihn sogar höher schätzen als den vergangenen.« Da musste Mimasaka zustimmen: »Du hast recht. Darum habe ich dir das Schreiben gezeigt.« Dann, so sagt man, zerriss er es.

Ein Gefolgsmann rettet die Stammbaum-Rolle

Die Stammbaum-Rolle der Soma-Familie, bekannt als *Chiken-marokashi,* gilt als wertvollste in ganz Japan. Als im vergangenen Jahr die Residenz der Soma durch ein Feuer niederbrannte, trauerte Fürst Soma: »Ich vermisse weder das Haus noch die Dinge darin, die vom Feuer verzehrt wurden, denn sie können wiederhergestellt werden. Doch es ist eine Schande, dass der größte Familienschatz, unsere Stammbaum-Rolle, nicht gerettet werden konnte.« Ein anwesender Gefolgsmann antwortete: »Ich werde ins Feuer rennen und die Rolle herausholen.« Da brach Fürst Soma mit allen anderen Gefolgsleuten in Gelächter aus: »Wie willst du die Rolle da herausholen? Das ganze Anwesen steht in Flammen.«

Der Gefolgsmann war für seine Ungeschicktheit bekannt und nicht besonders nützlich, stand aber aufgrund gewisser Umstände im näheren Dienst von Fürst Soma. Er sprang geradewegs ins Feuer und rief: »Ungeschickt, plump und nutzlos wie ich war, habe ich schon lange auf eine Gelegenheit gewartet, dem Fürsten einmal von Nutzen zu sein. Nun ist der Augenblick gekommen!« Nachdem das Feuer abgeklungen war, befahl der Fürst: »Findet die Asche des armen Mannes, wenn etwas von ihm übrig ist.« Nach einigem Suchen fand man ihn verbrannt im Garten der Wohnbezirke. Als seine Leiche hochgehoben wurde, drang Blut aus seinem Bauch. In der Bauchhöhle steckte die Rolle, unversehrt. Sie wurde von da an »Blutrolle« genannt.

Wahrsagen

Ein Kommentar im *I Ging*, dem Buch der Wandlungen, lautet: »Es ist ein Fehler, das eigene Glück so zu erwarten, wie es Wahrsager prophezeien. Die Dinge entwickeln sich normalerweise nicht so, wie vorausgesagt wird.« Das erste Schriftzeichen im *I Ging* wird im Japanischen *eki* gelesen und steht für Wandel. Prophezeites Glück mag sich in Pech verwandeln, wenn ein Mensch etwas Böses tut. Umgekehrt kann prophezeites Unglück sich in Segen verwandeln, wenn ein Mensch Gutes tut. In seinen *Analekten* sagt Konfuzius: »Gebt mir ein paar Jahre, um endlich im Wahrsagen erleuchtet zu sein, dann werde ich von allen Fehlern frei sein.« Er wies dabei nicht aufs *I Ging* hin. Wenn ein Mensch den wahren Kern des Wahrsagens studiert und anderen Gutes tut, wird er keine Fehler machen.

Wie man argumentiert

Bei einem Streit solltest du zuerst sagen »Du hast recht« und dein Gegenüber all seine Standpunkte erklären lassen. Wenn er in seiner Aufgebrachtheit einen Fehler macht, wende diesen gegen ihn und bringe so viele Argumente wie nötig.

Zur Zeit des Angriffs auf die Tachibana-Armee wurde Oya Tarozaemon von Fürst Naoshige zum Militärbevollmächtigten ernannt. Einen Tag vor dem üblichen Bogenschießen wurde er zur Yanagawa-Burg gesandt, um die Schlacht anzukündigen. Diejenigen, die dem Fürsten nahestanden, leisteten ihm einstimmig Widerstand: »Der ist hässlich und stottert. Der taugt einfach nicht für diese Arbeit.« Der Fürst aber blieb hart und sagte: »Diese Arbeit hat nichts mit dem Aussehen dieses Mannes zu tun oder mit der Art, wie er die Botschaft überbringt. Sein männlicher Charakter genügt. Ich kenne seinen Kampfgeist schon lange.«

So begab sich Tarozaemon zum Tachibana-Lager und verkündete stotternd: »W-w-wie b-befohlen, w-w-wer-den w-w-wir euch m-m-morgen angreifen. W-w-wenn ihr euch ergeben w-w-wollt, informiert b-b-bitte die b-beiden Inspektoren so früh wie m-möglich.« Bevor die Tachibana-Seite antworten konnte, wurden deren Samurai vernommen, wie sie hinter einer Papiertür lästerten: »Welch eine weichherzige Nachricht! Denken die wirklich, unter solchen Umständen würden die Tachibana-Samurai sich ergeben? Der Gesandte sieht so abstoßend aus und kann nicht mal die Botschaft angemessen überbringen. Bestimmt hat der

Nabeshima-Clan überhaupt keine brauchbaren Samurai.«

Nachdem er das klare »Nein« als Antwort auf sein Angebot vernommen hatte und sich anschickte, die Burg zu verlassen, sagte Tarozaemon in seiner lauten, klangvollen Stimme: »Ich habe genau gehört, wie ihr über mich gelästert habt. In der Tat, das ist ein schwacher Stoß des Nabeshima-Speers. Morgen werde ich die Ehre haben, euch alle auf dem Schlachtfeld zu treffen und davon zu überzeugen, dass ich mich von dem unterscheide, was ihr über mich in der Sicherheit eurer Burg gesagt habt. Ihr habt zwar recht, dass ich hässlich bin und kaum geeignet als ein Gesandter, der Nachrichten überbringt. Ihr glaubt, dass ein gutaussehender und beredter Samurai nützlich ist. Wartet, bis ich euch morgen meinen Kampfgeist zeige. Bitte trefft diesen hässlichen Mann morgen wieder. Oder kommt näher, wenn ihr mich schon jetzt kämpfen sehen wollt. Ich wäre glücklich, wenn ich euch ein, zwei Schläge zeigen könnte.« Nach einer Weile kehrte er in sein Lager zurück.

Ein dreizehnjähriger Attentäter

Ein Kind, das im Dienst von Takeda Shingen stand, verübte ein Attentat auf Tokugawa Ieyasu. Shingen hatte ihm eine große Belohnung versprochen, wenn der Junge den Konkurrenten Ieyasu aus dem Weg räumte. Der Dreizehnjährige brachte es fertig, in den Dienst Ieyasus aufgenommen zu werden. Eines Nachts versuchte das Kind, ihn zu töten, als Ieyasu gerade sein Schlafzimmer betrat. Doch der sah den Angriff voraus und ließ den Attentäter festnehmen. Dieser gestand. Der Fürst sagte: »Ich hatte dich als herausragenden jungen Mann erkannt und deinen Dienst geschätzt. Deine Aufrichtigkeit beeindruckt mich.« Dann sandte er den Jungen zurück ins Land Shingens.

Hänge bei einem Kampf nicht an deinem Leben

In einem Schwertkampf vergiss dein Leben und kämpfe. Wenn das auch der Gegner tut, ist er gleichwertig. Darüber hinaus hängt der Sieg nur von deiner religiösen Frömmigkeit und deinem Schicksal ab. Weiterhin lass niemanden dein Schlafzimmer sehen. Der Augenblick, in dem du im Tiefschlaf fällst, und der Moment des benommenen Aufwachens sind sehr gefährlich.

Sorge dich nicht um Leben und Tod

Ein Samurai ist nutzlos, solange er sich um Leben und Tod Sorgen macht. Man sagt, Konzentration verbessere alle Fähigkeiten. Das klingt, als würde der Geist auf die Verbesserung eines Talentes gerichtet, bedeutet aber, sich nicht mehr um Leben und Tod zu kümmern. Danach sollte alles möglich sein. Künste und andere Arten der Unterhaltung bringen einen nur auf die Schwelle zum Weg des Samurai, aber keineswegs weiter.

Dein Kopf geht mit dem Helm

Ein Gruppenkommandant sagte einst: »Alle Samurai, außer den Befehlshabern, sollten lediglich die Vorderseite ihrer Rüstung überprüfen. Macht euch also keine Gedanken über das schöne Aussehen eurer Rüstung. Wählt bloß sorgsam einen hübschen Helm aus. Denn der könnte mit eurem Kopf ins Lager der Feinde übergehen.«

Tabak in der Edo-Burg

In der Edo-Burg waren Kohlestücke und Tabak tabu. Eines Tages sagte jemand zum Staatsinspektor Miyake Bizen-no-kami: »Tabakrauch dringt herein und stinkt. Bitte geht dem nach.« Daraufhin antwortete Bizen-no-kami: »Meine Aufgabe ist es, die Angelegenheiten des Staates zu überwachen, und nicht, Gerüchen nachzugehen.«

Ehebruch

Im Juli des Jahres 1715 verließ Hashimoto Omi sein Haus, kehrte jedoch kurz darauf zurück, um ein Handtuch zu holen. Seine Frau war nicht mehr da. Er suchte nach ihr und fand sie in einem Wachhaus, hinter einer Papierwand im Bett mit einem Schmied in Omis Diensten namens Ise-no-kami. Omi rief nach ihm und schwang sein Schwert. Es schlug im Fensterbrett ein, woraufhin Ise-no-kami antwortete: »Wie du willst« und die Herausforderung annahm. Omi erschlug ihn mit einem Streich und stellte seine davonrennende Frau. Sie bat ihn um ein Weilchen Zeit, um sich ankleiden zu können. Danach erschlug er sie an Ort und Stelle.

Schweigen ist Gold

Von höchster Wichtigkeit im Gespräch mit anderen ist, seine Zunge im Zaum zu halten. Wenn jemand eine Angelegenheit bereinigt haben will, ohne seinen Mund zu öffnen, soll er einfach nichts sagen. Wenn es aber nötig wird, Wichtiges zu äußern, sollte man sorgfältig nur wenige Worte wählen, die voller Vernunft klingen. Unnötig zu reden könnte Schmach über den Redner bringen und ihn den anderen für immer entfremden.

Soeben beförderte Gefolgsleute

Ein Gefolgsmann, der auf einen wichtigen Posten befördert wurde, neigt dazu, seinen Herkunftsnachweis zu ändern, um seine Familie wichtiger erscheinen zu lassen, und das Familienwappen auszutauschen. Andere können seine Motive leicht durchschauen. Wenn der Gefolgsmann seine Vorfahren von Herzen verehren würde, würde er im Privaten Dinge ändern. Wechsel von Familienwappen, Namen, Siegeln, Handschriften und anderen Dingen fallen jedoch anderen auf und sollten unterbleiben.

Kreisendes Gesäß

Ein Fürst unterhielt einmal einen Gast, der sich den Sake heiß und mit Reismalz an der Oberfläche wünschte. Da kam ein Knappe mit einer Blechkaraffe herbei, um den Sake zu wärmen, woraufhin der Gast ihn bat, »das Gefäß zu kreisen«. Der

Knappe jedoch verstand »das Gesäß zu kreisen« und errötete hilflos. Als anwesende Gehilfen ihn drängten, der Bitte nachzukommen, ging er ein paar Schritte zurück und schwang seinen Hintern in Richtung Garten.

Der Sake, bekannt als *mizoreshu,* wird normalerweise in einer Karaffe gebracht und serviert, nachdem man den Boden der Karaffe eine Weile hin- und hergeschwenkt hat. Eine Arbeit für einen Knappen ...

Das Geheimnis des Krieges

Iemitsu, der dritte Shogun des regierenden Clans der Tokugawa, hatte Belohnungen für Heldentaten im Krieg angekündigt. Einmal traten zwei Fürsten vor seinen Thron. Beide waren bekannt für ihre Fertigkeiten in der Kunst des Krieges. Der eine war Sukekuro aus der Provinz Kii, der andere war Fürst Nabeshima Motoshige.

Der Shogun des Reiches wollte wissen, welches die Geheimnisse des Krieges waren. Sukekuro legte die Geheimnisse seiner Schule daraufhin schriftlich nieder, was schließlich drei Seiten Papier füllte.

Fürst Motoshige schrieb seine Erkenntnisse ebenfalls nieder, doch sie lauteten nur kurz und bündig:

»Es wird niemals ausreichen zu überlegen, was richtig und was falsch ist. Noch wird es genügen, darüber nachzudenken, was gut sei und was nicht. Zu fragen, was falsch sei, ist genauso schlecht wie zu fragen, was gut sei. Der Punkt ist, dass man niemals versuchen sollte, zu denken.«

Shogun Iemitsu sagte: »Hier habe ich, was ich wollte.«

Die Ausbildung der Samurai

Denke während deiner Ausbildung nie ans Entspannen. Bewahre die korrekte Form und strebsames Verhalten auch in deinem eigenen Zuhause.

Sei mit Worten sparsam. Wo du zehn Worte sprechen willst, sage nur eines. Verschließe deine Lippen, bevor du auch nur ein Wort sagst. Bedachtsam gesprochen, reicht ein einziges Wort aus, um deine Tapferkeit und Stärke zu beweisen.

Wie in Zeiten des Friedens, so in Zeiten des Aufruhrs. Ein einziges Wort entlarvt den Feigling. Erinnere dich daran, dass ein einziges Wort oft so viel Bedeutung enthält wie hundert Worte.

12 Ratschläge eines alten Kriegers

Yamamoto Sakino Kamiemon war ein Samurai, auf den der Nabeshima-Clan stolz war. Dies sind seine wesentlichen Erkenntnisse:

1. Alles ist möglich, wenn man entschlossen ist.

2. Zuhause ein Hundefell, doch außerhalb eine Tigerhaut.

3. Sei respektvoll, doch nie so ehrfürchtig, dass du nicht mehr deine Meinung sagen kannst. Sei höflich und freundlich, doch nie so ängstlich, dass deine Knie unter dir nachgeben.

4. Vergiss nicht, Sporen zu geben, selbst wenn deine Pferde bereits galoppieren.

5. Mut überwindet alles.

6. Das Leben eines Menschen vergeht, doch sein Name bleibt.

7. Gold und Silber kann man immer bekommen, doch wahre Männer nicht.

8. Ein Mann, der falsch lacht, ist ein Feigling. Eine Frau, die falsch lacht, ist eine Dirne.

9. Sammle Informationen, auch wenn du schon etwas weißt, denn das gilt als Höflichkeit. Sammle aber auch Informationen, wenn du nichts weißt, denn das ist weise.

10. Wenn sich deine Augen in eine Richtung wenden, sollten sie doch acht Richtungen sehen.

11. Lass die Erkenntnis von einer Sache zum Verständnis von tausenden Dingen werden.

12. Gähne niemals in Gegenwart anderer. Bedecke deinen offenen Mund mit einem Fächer oder deinem Ärmel.

Glaube

Denke nur an diesen Augenblick, nicht weiter und an keinen anderen. Konzentriere deinen Geist auf diesen Moment, lass ihn weise darin verharren; so wird dieses Denken schließlich dein ganzes Leben bestimmen. Wenn du diese Wahrheit erkannt hast, wirst du nicht länger toben und dich nicht länger ärgern.

Glaube wird nur durch Erfahrung möglich. Wenn Glaube einmal erlangt ist, bleibt er das ganze Leben. Dein Geist wird nicht länger umwölkt sein, sondern stets frei und offen.

Ohne Pause voranschreiten

Yamazaki Kurando sagte: »Wenn Männer sich aus Eifer irren, sorge dafür, dass sie wieder zufrieden werden. Sieht einer auf jeden Schritt, den er unternimmt, neigt er dazu, Pausen einzulegen. Währenddessen könnte sein Leben vergehen. Das Leben ist jedoch zu kurz: Schreite ohne Unterbrechung voran!«

Die Weisheit des Schwertkämpfers

Fürst Yagyu Munenori meinte einst: »Ich kenne nicht den Weg, andere zu besiegen; ich kenne nur den Weg, mich selbst zu besiegen.« Dies will sagen, dass wir uns jeden Tag verbessern müssen, unser ganzes Leben lang. Dabei gibt es kein Ende.

Das Märchen vom Sake-Trinker

Ein gewisser Samurai wollte seinen Herrn bei dessen Neujahrsbesuchen begleiten. Er sprach: »Ich sollte nun das Sake-Trinken aufgeben, sonst werde ich über die Maßen nachlässig. Wenn ich jedoch sage, dass ich abstinent sei, wird man mich für einen schweren Trinker halten. Darum werde ich behaupten, dass ich allergisch auf Sake reagiere, und zwei, drei Becher wegschütten. Dann werden die Leute mir keinen Sake mehr aufzwingen wollen.

Außerdem werde ich mich noch nach vorn krümmen, so dass es den Anschein hat, als hätte ich starke Unterleibschmerzen. Ich werde auch nichts sagen, wenn ich nicht direkt angesprochen werde.«

Dies war eine kluge Person. Die Grundlage, sich über andere zu erheben, besteht darin, die Zukunft im Voraus zu bedenken. Das ist wahre Vorbereitung. Wenn man sich unterwürfig verhält, so als hätte man sich verändert und seine Kraft eingebüßt, wird man sich anständig benehmen. Des Weiteren sind die ersten Worte, die man äußert, am bedeutsamsten.

Ein Mensch ohne Eigeninteresse

Es gibt solche, deren Weisheit plötzlich aufblitzt, und solche, die sorgfältig überlegen und später eine gute Idee entwickeln. Wenn wir darüber tief nachdenken, erkennen wir, dass sich wundersame Weisheit manifestiert, sobald ein Mann ohne Eigeninteresse nachdenkt und dabei die Vier Bodhisattva-Gelübde im Sinn behält; dies geschieht unabhängig davon, ob er von Geburt an mit höheren oder niederen Talenten ausgestattet wurde. Die Menschen glauben, dass tiefes Nachsinnen in abstruse Ideen mündet. Wenn Menschen jedoch aus dem Herzen ihres Eigeninteresses etwas erwägen, kann das Ergebnis nur schlecht sein, weil es von schlechter Weisheit beeinflusst wird. Das Anhaften der einfältigen Menschen gilt meist ihrem Eigeninteresse.

Wenn man also etwas will, sollte man es erst einen Augenblick zur Seite legen, sich die Vier Gelübde ins Gedächtnis zurückrufen und dann ohne Eigeninteresse darüber nachsinnen. So kann man große Fehler vermeiden.

Die Entschlossenheit des Samurai

Entschlossene Samurai sind nicht einfach Krieger, die sich in Auseinandersetzungen vorbildlich verhalten. Vielmehr untersuchen sie stets verschiedene Methoden im Voraus, mit denen sie ihr Ziel erreichen können. So sind sie auf alles vorbereitet.

Sieg und Niederlage sind von Umständen abhängig. Nicht der Schande anheimzufallen ist jedoch etwas anderes. Der einzige Weg ist, zu sterben. Selbst wenn man glaubt, dass man besiegt wird, muss man ein Mal den Schlag erwidern. Dafür benötigt man keine Weisheit. Eine außerordentlich mutige Person denkt nicht an Sieg oder Niederlage, sondern stürzt sich konzentriert in den Rachen des Todes. Dadurch erwacht sei aus dem Traum der vergänglichen Welt.

Über Gelehrte

Konan Osho vom Soryuji-Tempel meinte, dass Gelehrte sich nicht des Weges bewusst seien, gerade so wie jemand, der in den Westen ginge, sich aber nach Osten wenden sollte. Je mehr die Gelehrten wüssten, desto mehr entfernten sie sich vom Weg. Dies geschehe, weil ihre Ansichten durchs Lesen und Hören der Worte alter Weiser erhöht wurden, woraufhin sie sich schließlich selbst für Heilige hielten und gewöhnliche Menschen als Würmer ansähen. Doch was »der Weg« genannt wird, bedeutet, die eigenen Fehler zu erkennen. Wenn jemand stets seine Fehler bemerkt, verkörpert er den Weg. Das Schriftzeichen für Heiliger kann *hijiri* gelesen werden, was heißt, die eigenen Fehler zu durchschauen. Buddha lehrte, dass der Weg verwirklicht werde, indem man sich nach den vier Schriftzeichen *chi-hi-ben-sha* richte: Erkenne deine Fehler und entledige dich ihrer. Beobachtet jemand seinen Geist genau, dann weiß er, dass sich während eines einzigen Tages unzählige verrückte Gedanken darin bilden. Darum sollte er sich niemals für gut halten.

Das Märchen vom Drachenfreund

Einst lebte ein Mann, der Drachenbilder liebte. Seine Kleidung und seine Utensilien waren übersät davon. Diese tiefe Zuneigung zu Drachen musste dem Drachengott zu Ohren gekommen sein, denn eines Tages tauchte er vor dem Haus des Mannes auf. Der soll jedoch so überrascht gewesen sein, dass er vor Schreck starb. Es gibt also Menschen, die sich für etwas dauerhaft begeistern können, die sich aber ganz anders benehmen, wenn sie mit der Realität konfrontiert werden.

Das Annehmen von Ratschlägen

Wenn jemand dir einen guten Rat erteilt, solltest du diesen in tiefer Dankbarkeit annehmen, selbst wenn er nutzlos ist. Verhältst du dich nämlich nicht so, werden dir die Menschen bald nichts mehr sagen, auch wenn sie etwas über dich hören. Du solltest dich also derart benehmen, dass sie dir ihre Ansichten über dich leichten Herzens mitteilen können, und du solltest sie auch nicht daran hindern.

Ein verlässlicher Mensch

Jinemon pflegte zu sagen: »Eine außerordentlich talentierte Person ist auch verlässlich, eine verlässliche Person ist talentiert. Das habe ich durch Erfahrung verstanden. Ein verlässlicher Mensch ist einer, der nichts tut, wenn ein Freund erfolgreich ist. Wenn aber dieser Freund in Schwierigkeiten gerät, kommt er durch die Seitentür herbei und hilft ihm aus seinen Problemen heraus. Solch ein Mensch ist zweifellos sehr talentiert.«

Fehler verstehen

Es gibt einen Charakterfehler unter Gefolgsleuten. Der entsteht, wenn sie zu Reichtum und Ehren kommen. Bleibt ein Gefolgsmann arm, hat er keinen solchen Fehler.

Ein kluger Mensch erkennt schnell die Mängel in einer Arbeit. Wenn er nur noch an diese denkt und seine Unzufriedenheit darüber bekundet, wird er nutzlos; andere werden ihn meiden, er wird ihr Vertrauen nicht gewinnen, und auch das kann als Charakterfehler angesehen werden.

Das Priestermärchen vom Exzentriker

Als ich Ittei traf, sagte ich: »Die Familie wird niemals zerstört werden, denn ich werde Generation um Generation als Gefolgsmann wiedergeboren werden und selbst die Familie unterstützen.« Ittei lachte und erwiderte: »Du sprichst sehr verwegen.«

Als ich etwa fünfundzwanzig Jahre alt war, meinte Ittei zum Oberpriester Takuhon aus dem Kondenji-Tempel: »Ein Exzentriker ist in deinem Bezirk eingetroffen. Er schämt sich nicht, mit alten Männern verglichen zu werden.« Das vernahm ich dann vom Priester Takuhon. Es ist wohl ein Priestermärchen.

Der Weg des Samurai

»Wenn Menschen keine beständige Beschäftigung haben,
haben sie auch keinen beständigen Geist.«

Yamaga Soko: Der Weg des Samurai

Yamaga Soko (1622-1685) war schon als Kind für seine Intelligenz bekannt. Er studierte den Neokonfuzianismus unter Hayashi Razan und den Shinto-Buddhismus, ehe er auch mit Zen und Taoismus in Kontakt kam und schließlich aufgrund seiner Kritik am Konfuzianismus exiliert wurde. Seine Schriften gelten heute als herausragende Beispiele des Bushido.

Warte nicht auf andere

Untersuche dich stets selbst. Erkenne, wo dein Temperament wankelhaft ist und wo gefestigt, wo deine Stärken und Schwächen liegen. Verringere Übertreibungen und nähre das Ungenügende. Was Freizeit angeht, lass andere vorangehen, bei der Arbeit sei du der erste. Die Pflicht eines Kriegerdaseins besteht vor allem aus einem: In Notlagen und in einem Kampf niemals auf andere zu warten.

Großherzigkeit

Ein Samurai braucht den Mut, das größte Unternehmen der Welt zu übernehmen und diese immense Verantwortung selbständig auszuüben.

Ein großes Herz zu haben bedeutet, sein Herz so frei zu machen, dass es alles in der Welt zulässt, wie ein unermesslicher Fluss, der kein Ende kennt, oder ein hoher Berg, der Pflanzen und Bäume, Vögel und Tiere beherbergt. Der Himmel ist offen, damit die Vögel fliegen können; der Ozean ist weit, damit das Wasser sprudeln kann.

Über einen Menschen solchen Schlags sagte man: »Er ist gewaltig wie eine Flutwelle. Er kann nicht aufgehalten werden. Er ist unermesslich.«

Ein Mann von Format stellt sich Situationen, in denen es um Leben und Tod geht, er tritt auf nackte Klingen, zeigt strenge Disziplin, widmet sich ernsten Angelegenheiten und trifft wichtige Entscheidungen, und das alles ohne Störung oder Aufregung in Stimme oder Aussehen.

Doch auch wenn du im Zentrum der Welt stehst und über die Menschen in den vier Meeren herrschst, bist du nicht stolz darauf; wenn du wichtige Dinge selbst entscheidest und den Menschen Maßnahmen auferlegst, hältst du das nicht für groß.

Sanftmut

Sanftmut bedeutet Tiefe und Toleranz. Es bedeutet, seine Tugenden für sich zu behalten, sein Licht zu verbergen und nichts Außergewöhnliches zu zeigen.

Wenn sich Sanftmut spontan in deinem Gesicht manifestiert und die Erscheinung eines humanen

Menschen, eines edlen Menschen, in deinen Interaktionen und Beziehungen mit anderen Menschen auftaucht, wirst du wie ein sonniger Frühling sein, ein Segen für alle Wesen. Das ist die Sanftmut eines männlichen Menschen.

Mit dieser Sanftmut kannst du fürsorglich, wohltätig und hilfreich sein. Wenn du irgendwo auf der Welt verzweifelte Flüchtlinge siehst, nimmst du das als deinen persönlichen Schmerz wahr, also öffnest du deine Lagerhäuser und stellst deine Reisfässer auf den Kopf, verausgabst deinen Reichtum, verbrauchst dein Geld und bist erst zufrieden, wenn die Krise vollständig überwunden ist.

Eine durchscheinende Präsenz, wie ein mit reinem Wasser gefülltes Kristallglas oder eine weiße Jadeschale mit Eis, ohne jede Grobheit oder Vulgarität: Dies sollte man die Persönlichkeit eines wahren Mannes nennen.

Umsichtige Rede

Sprechen ist ein Akt der Mitteilung dessen, was im Inneren ist. Man sagt, selbst wenn es ein Scherz ist, entspringt er immer noch einem Gedanken. Da die Sprache äußerlich aus der inneren Aktivität hervorgeht, spricht man, wenn man unruhig ist, gedankenlos. Man neigt dazu, geschwätzig und überschwänglich zu sein, maßlos zu sprechen, zu viel zu reden, vielleicht Lügengeschichten zu erfinden, vielleicht andere durch unmäßige Worte zu verärgern.

Das ist wohl mit den Richtlinien für die Sprache gemeint, die besagen, dass sie Feinde schaffen und Freunde gewinnen, Glück und Unglück, Ruhm und Schande herbeirufen kann. Wenn sie zu leicht ist, ist sie anmaßend, wenn sie zu kompliziert ist, ist sie hinderlich. Weise und Gelehrte haben seit dem Altertum vor leichtem Gerede ohne entsprechende Taten gewarnt. Weil man nicht alles, was man sagt, in die Praxis umsetzen kann, bleibt es oft bei leerem Gerede und unausgegorenen Kommentaren. Das ist etwas, wofür man sich schämen sollte.

Als Nächstes gibt es Höflichkeitsregeln für den Fall, dass du sprechen willst. Wenn du vorhast zu sprechen, beruhige deinen Geist, fasse dich und sei nicht voreilig; halte deine Stimme flach und gleichmäßig im Ton und sprich ruhig und gelassen. Ein altes Sprichwort sagt: »Beruhige deinen Geist und mäßige deine Stimme.«

Wenn du zu schnell sprichst, ist das unmanierlich und für die Zuhörer schwer zu verstehen. Wenn du zu laut sprichst, erschreckst du die Leute, ohne dass sie es merken. Und wenn man viel zu sagen hat, kommt man, wenn man mit lauter Stimme anfängt, nur schwer zum Ende.

Redet man schnell, liegt das daran, dass man innerlich unvorsichtig und rücksichtslos ist. Wenn ein Notfall eintritt, sei es eine Naturkatastrophe oder ein von Menschen verursachtes Problem, dann ist es an der Zeit, die Menschen durch schnelles Reden aufzuschrecken, um sie so bald wie möglich zum Nachdenken zu bringen. Dies ist keine Situation, mit der man ruhig und entspannt umgehen sollte.

Aus diesem Grund muss mit abnormalen Ereignissen auf ungewöhnliche Weise umgegangen werden. Wenn man immer auf dieselbe Art und Weise denkt und an einer Argumentation festhält, ohne die situative Anpassung an Veränderungen zu beherrschen, bleibt man auf jeden Fall stecken.

Verhalte dich so, als wärst du nicht allein

Es heißt, wenn man zur Tür hinausgeht, sollte man so sein, als würde man einen wichtigen Gast treffen. Es heißt auch, wenn man zur Tür hinausgeht, sollte man so sein, als würde man einen Feind treffen. »Selbst wenn du einen leeren Ort betrittst, verhalte dich so, als ob jemand da wäre.«

Wie ist das richtige Maß zu berechnen? Gerade so viel, dass man nicht extrem hungrig oder durstig wird. Um diese Diskussion zu vertiefen: Wenn die Menschen weder zu viel noch zu wenig essen und trinken, essen sie in einem Abstand von sechs Stunden und trinken einmal dazwischen. Das heißt, nach dem Aufstehen am Morgen essen sie zwischen 7 und 9 Uhr. Sechs Stunden später essen sie wieder zwischen 13 und 15 Uhr.

Die natürlichen Veränderungen sind alle dreifach. Auch das menschliche Verdauungssystem verarbeitet Essen und Trinken in sechs (2 x 3) Stunden. Man sollte in der Hälfte dieses Zeitraums trinken. Die Menschen des Altertums haben dieses System erkannt und die Praxis eingeführt, zu bestimmten Zeiten am Morgen und am Nachmittag zu essen, um Hunger und Durst zu stillen.

Dies allein sollte als rechtes Maß angesehen werden. Sollten zwei Mahlzeiten nicht ausreichen, gilt die Regel, mittags zu essen, wenn die Tage lang sind, und abends zu essen, wenn die Nächte lang sind.

Naganuma Muneyoshi: Der gerechte Krieg

Naganuma Muneyoshi (1635-1690) war Neokonfuzianer und lehrte die konfuzianischen Klassiker gemeinsam mit Militärstrategie. Er definierte sieben Arten des gerechten Krieges und verurteilte solche, die aus Gewinn- oder Ruhmsucht geführt wurden.

Man spricht von einem gerechten Krieg, wenn er menschenwürdig, gerecht, loyal, gewissenhaft und ohne Selbstsucht geführt wird, also im Einklang mit Natur und Gerechtigkeit. Es gibt sieben Arten von gerechten Kriegen.

Die erste trifft zu, wenn die Menschen unter einem brutalen Regime dahindämmern und nur noch auf dessen Ende warten. Dann kommt ihnen das Schicksal zu Hilfe und leiht sich die Dienste eines spirituellen Kriegers mit dem Charakter eines Weisen aus, um die Tyrannen zu töten. So werden die Menschen inmitten von Wasser und Feuer wiederbelebt.

Die zweite Art trifft zu, wenn bei einem tugendhaften Herrscher, dessen Bürger keine Missgunst hegen, Rebellen die Autorität des Königs in Frage stellen, seine Verbündeten angreifen und weder auf Friedensangebote eingehen noch sich über deren Richtigkeit belehren lassen. Wenn es unvermeidlich ist, befiehlt der Herrscher seinen Fürsten und Verbündeten, eine Armee aufzustellen, um die Rebellen zu vernichten.

Bei der dritten Art verüben hinterhältige Beamte einen Anschlag auf den Herrscher, doch loyale Beamte und pflichtergebene Krieger bilden eine Armee der Gerechtigkeit und exekutieren die Verräter.

Die vierte Art ist die, wenn der Herrscher schwach ist und die Beamten stark. Die Autorität liegt dann bei Mächtigen, die ihre gebieterische Präsenz begründen, indem sie anderen einen persönlichen Gefallen tun. Diese liederlichen Gestalten bilden Gruppen und bringen das Land an den Rand des Zusammenbruchs. Loyale Beamte schreiten ein, um die Nation zu stabilisieren.

Die fünfte Art, einen gerechten Krieg zu führen, hat ihren Grund im Chaos – das ganze Land ist in Unordnung, illoyale Kraftmeier rufen ihre eigenen Herrschaftsbereiche aus und dringen in die der anderen ein. Die Treuen und Gutherzigen helfen dem Herrscherhaus, die Zentralregierung wieder herzustellen und das Volk zu retten.

Bei der sechsten Art wollen sich einige an den Feinden ihrer Väter und Großväter rächen. Sie erniedrigen sich zu Dienern, werben Helden an und nehmen todesverachtende Samurai in den Dienst. All das, um mit der so entstandenen Armee eine nationale Schmach wiedergutzumachen.

Die siebte Art entsteht, wenn sich das Land im Chaos befindet und keinen festen Herrscher hat, so dass jeder seinen eigenen Bereich verteidigt und auf Frieden wartet. Wenn dann Banditen auftauchen und den eigenen Clan berauben, stellt man eine Armee auf, um sie zur Strecke zu bringen und den Schaden an den eigenen Leuten zu mildern.

Wenn dich ein Feind plagt und du keine andere Möglichkeit zum Agieren hast, dann handelt es sich um einen Erwiderungskrieg. Dies bedeutet: Sieg durch eine militärische Antwort.

Wenn etwas die Welt vor Unglück bewahrt oder das beseitigt, was das Volk schädigt, wird es als gerechter Krieg angesehen. Wer den gerechten Krieg führt, wird erfolgreich sein, denn er hat das Glück des Volkes im Sinn.

Beim Entwickeln von Mut verbinde Gerechtigkeit und Ehrlichkeit. So erlangst du Ausgeglichenheit und Rechtschaffenheit. Wenn du nur die Tapferkeit nährst, wird deine Stimmung zu überschwänglich und dein Sinn für Furcht allmählich schwinden. Dies macht dich dann grob und gewalttätig, und du schadest anderen. Ein guter General hat dafür keine Verwendung.

Wenn Mut nicht mit Gerechtigkeit verbunden ist, dann handelt es sich nur um Blutrausch. Wer Blutrausch zelebriert, wird zwar stärker, aber nur in verdrehtem moralischem Sinn. So einer flieht die Niederlage ohne jedes Gewissen. Er kann von Machthabern ausgenutzt werden und ist noch in der Gefahr unzuverlässig. Wie könnte so jemand besser als Tiger oder Wölfe sein? Tiger und Wölfe sind von Natur aus stark. Bei einer Plage kommen sie in die Städte und ernähren sich von Menschen, ehe sie in ihre Schlupfwinkel in den Bergen zurückweichen, wohin ihnen niemand zu folgen wagt. Jeder fürchtet die Bedrohung wilder Tiere, doch wenn man sie gefangen, ihre Klauen entfernt und ihre Beine zusammengebunden hat, dann unterscheiden sie sich nicht mehr von Katzen und Hunden; sie folgen dem Ruf der Menschen, wenn man es ihnen befiehlt, und erbetteln sich gar ihr Fressen. Wer sich einen Krieger nennt, aber keine Gerechtigkeit und Vernunft zeigt, der ist so tief gesunken, dass er sich kaum von diesen Tieren unterscheidet, selbst wenn er noch Wut besitzt.

Matsura Seizan: Echter Kampf (Shingyoto-ryu)

Matsura Seizan (1760-1841) war Lehnsfürst, Essayist und ein bekannter Schwertkämpfer während der Edo-Zeit in Japan. Er praktizierte den Stil des Shingyoto-ryu. Seine Enkelin war die Mutter des Kaisers Meiji. Die folgenden Auszüge stammen aus seinem Werk Joseishi Kendan.

Wenn du ehrlich mit dir bist, wirst du erkennen, dass es zwei widerstrebende Kräfte in deinem Herzen gibt, sobald du einem Feind gegenüberstehst: So sehr du ihn auch besiegen möchtest, du hast zugleich Angst und willst ihn meiden. Darum musst du lernen, deine Angst zu besänftigen, und deinen Wunsch, ihn zu besiegen, sich frei ausdrücken zu lassen. Es ist wesentlich, diese Tatsache zu erkennen und so zu üben, dass du deinem Gegner ohne Zögern begegnen kannst.

Schaue nicht auf das Schwert des Gegners, wenn du nach ihm schlägst. Dein Geist sollte völlig leer sein. Du musst all deine Gedanken und Bewertungen ignorieren und so reagieren wie Dynamit, wenn es entzündet wurde. Vertraue der Macht des Himmels und schlage deinen Feind mit aller Kraft.

Wer der Lehre seines Meisters nicht vertraut, wird nie tiefes Verständnis erlangen. Das Gleiche gilt für denjenigen, der jedes Wort seines Meisters glaubt.

Gelegentlich magst du einen Kampf mit unerwarteten Techniken gewinnen. Doch ein Schüler, der die wahre Schwertkampfkunst versteht, verlässt sich nicht auf so etwas. Es gibt keine mysteriösen Techniken, die Hände und Füße führen. Der beste Weg, die Wahrheit herauszufinden, ist, sich in so viele echte Kämpfe zu begeben wie möglich.

Wenn du mit einer Methode versagst, wende sie nicht wieder an. Im Schwertkampf ist es wichtig, sich an viele Situationen anpassen zu können. Es gibt gewisse Methoden für gewisse Umstände. Jede Methode, die du anwendest, muss dir helfen, den Sieg zu erringen.

Sei bereit, zurückzuschlagen, wann immer du angegriffen wirst. Wenn du bei einem Trinkgelage bist oder Musik lauschst, pass auf, dass dein Feind dich nicht schlafend erwischt.

Mach dich bereit, ehe du attackierst. Manche denken, der tatsächliche Kampf sei am wichtigsten, doch es ist tatsächlich die Zeit, bevor du deine Hand ans Schwert legst.

Selbst wenn dein Gegner ein Adliger oder Heiliger ist, denke nicht so von ihm. Strecke ihn mit einem Schlag nieder und denke an nichts anderes.

Betrachte den Übungsraum *(dojo)* als Hinterbühne und die Bühne als wirklichen Kampf. Einige Schüler glauben, es genüge, im *dojo* gut abzuschneiden. Doch in einem wirklichen Kampf wirst du keine zweite Chance erhalten, deine Fehler auszubügeln.

Wenn deine Konzentration darauf fokussiert ist, den Gegner mit einem Schlag niederzustrecken, wird die Schärfe deiner Attacke selbst im Übungsraum wirken, als würdest du ein echtes Schwert führen. Ohne diese Schärfe imitierst du nur die Formen, die du gelernt hast. Das Wichtigste in der Kunst des Schwertkampfes ist Disziplin. Diszipliniere dich ernsthaft bei deiner täglichen Übung, das ist der Schlüssel zum Sieg.

Wenn du auf eine Beisetzung gehst, bringst du deine Trauer zum Ausdruck und lächelst nicht. Ein Krieger zeigt diese Würde, wenn er seine Rüstung anlegt, und auch ein Adliger diszipliniert sich so, dass er jederzeit würdevoll wirkt. Schüler der Schwertkampfkunst sollen daran denken, wenn sie einem Feind gegenüberstehen. Schärfe deinen Geist und demonstriere deine Würde.

Ein einmaliger Sieg ist kein lebenslanger Sieg. Du magst einen Gegner ein Mal besiegen, aber für den Rest deines Lebens nie mehr die Oberhand haben. Man kann nach einer einzigen Begegnung nicht beurteilen, ob jemand einen wahren Sieg davongetragen hat.

Ein wahrer Sieg ist ein lebenslanger Sieg. In vielen Auseinandersetzungen gibt es einen zufälligen Sieger; wahre Siege geschehen, wenn all dies Zufälle getilgt sind. Wir meinen oft fälschlich, unser Sieg hänge von unserem herausragenden Können ab und unsere Niederlage geschähe zufällig. So kann ein einmaliger Sieger zu einem lebenslangen Verlierer werden.

Kampfkunst erlernen (Natori-ryu)

Natori-ryu wurde im späten 16. Jahrhundert als Kampfkunst-Schule in der Provinz Kishu begründet. Der Natori-Clan diente zunächst dem Fürsten (daimyo) Takeda Shingen, dann dem späteren Shogun Tokugawa Ieyasu. In der zweiten Hälfte des 17. Jahrhunderts integrierte Großmeister Natori Sanjuro Masazumi Elemente der Schulen Kusunoki-ryu und Koshu-ryu. Gelehrt wurde militärische Strategie (gunkaku). Unter den etwa dreißig Schriftrollen ist die des Shoninki zur bekanntesten geworden, wobei sie eher gegen Ende der Ausbildung vom Samurai studiert wurde.

Die Einstellung des Samurai

Während der Zeiten, in denen Ordnung herrscht, sollte sich ein Samurai auf den Krieg vorbereiten, in Zeiten des Aufruhrs hingegen nach dem besten Weg zum Frieden suchen. Dieses Prinzip nennt man *nichiyo kokoro-gake.*

Die Todesfurcht nehmen

Auch für einen Samurai ist es nur natürlich, wenn er sich wie jedermann zunächst vor dem Tod fürchtet. Mit zunehmendem Verständnis seiner Aufgabe wird sich dies ändern. Der Rat eines Zen-Mönchs kann helfen.

Wenn jemand sich nur auf sein Glück verlässt, ist er wie ein Mönch, der die Erleuchtung nicht erlangt. Man nennt ihn dann einen Verwirrten *(kenkyonin)* und erwartet, dass seine Sorglosigkeit ihn wie einen Hund sterben lässt. Dies wäre die größte Schande für einen Krieger, der doch im Dienste der Loyalität und Gerechtigkeit *(chugi)* seinen rechten Ort zum Sterben finden soll. Einen Sinn für Loyalität und Gerechtigkeit entwickeln heißt, sich zu disziplinieren, dem Gesetz zu folgen, dem Fürsten zu dienen, die Kampfkunst-Philosophie zu studieren und sich nichts aus dem Tod zu machen. Für den Krieger ist es wichtiger als für Bauern, Handwerker und Händler, sich von Feiern, Lust und Gier fernzuhalten.

Kampfkunst erlernen

Widme dich ganz einer Kampfkunst-Schule, bis sie dir ihre tiefsten Geheimnisse offenbart. Weiterhin sind ein paar Kenntnisse der Tee-Zeremonie, des Dichtens, des No-Gesangs und der chinesischen Klassiker hilfreich, ohne dass deren Studium dasjenige der Kampfkunst in den Hintergrund drängen darf.

Umsicht

Halte dich von Orten fern, wo es Ärger geben könnte. Lässt es sich nicht vermeiden, versuche jede Eskalation im Keim zu ersticken. Dazu bereite stets deine Waffen und deine geistige Einstellung entsprechend vor.

Deine Familie soll immer wieder an deine Verantwortung als Krieger erinnert werden. Lehre sie das richtige Vorgehen im Falle eines Angriffs, Feuers, Erdbebens oder gar des Besuchs von Würdenträgern.

Vorbereitet sein

Was deine eigene Unterkunft angeht, sichere das Äußere *(kazashi)* ebenso wie das Innere *(shitomi)*.

Trage keine übermäßig große Kleidung oder überlange Ärmel, und achte auf Beinfreiheit.

Für den Fall, dass du während der Kopfrasur zu einem Notfall gerufen wirst, halte ein Tuch *(sanjaku tenugui)* bereit, um deinen Kopf damit zu bedecken. Dies ist der alte Weg der Krieger, die stets auf alles vorbereitet waren. Wer während eines plötzlichen Notfalls seine Gesichtsfarbe nicht ändert und keine Überraschung zeigt, gilt als mutig.

Das Tempo bei der Übung

Praktiziert man eine Kunst, beginne man langsam und steigere die Intensität, sobald innerlich ein Feuer entzündet ist. Zu Beginn stürmisch vorzugehen ist von Nachteil. Es ist, wie wenn man ein Feuer mit einem Bambusröhrchen auf japanischer Zypresse entzünden will: Dreht man es zu schnell, noch ehe ein Funken da ist, wird es gar kein Feuer geben, doch sobald der Funke entzündet wurde, kann man das Tempo erhöhen, damit es ein richtiges Feuer gibt.

Freundlichkeit

Liebe und Respekt *(aigyo)* sollten das Alltagsverhalten eines Kriegers leiten. Sprich nie aus Gier nach Geld und beschwere dich nicht über die Qualität einer Mahlzeit.

Manchmal wird es angebracht sein, direkt und entschieden zu sprechen, mit einem schwertgleichen Herzen, das die eigene innere Klinge offenbart. Dies nennt man *ikko no kenshin.*

Sieben von zehn

Neun Teile deines Geistes sind fürs Denken, ein Teil fürs Sprechen. Dabei wiederum offenbare nur sieben Teile und lass drei Teile ungesagt. Wenn du das Reden vermeidest, wird sich von selbst Mut in dir einstellen.

Will jemand sich Verdienst im Krieg erwerben, rede ihm das niemals aus.

Ein Gespräch führen

Vermeide starke Körpersprache, wenn du jemanden zum ersten Mal triffst, und gib deinen Worten erst später Gewicht, so gewinnst du die Kontrolle über ein Gespräch. Am besten, du lässt jemand anderen zuerst mit der Person reden, um dir ein besseres Bild von ihr zu verschaffen.

Zu Gast bei Fremden

Wenn du irgendwo eingeladen bist, gehe nur hin, wenn dort niemand einen Groll gegen dich hegt. Sei dir der Himmelsrichtungen und der Räumlichkeiten voll bewusst, in denen du dich aufhältst. Wie viel Platz hast du gegebenenfalls, ohne irgendwo deinen Körper oder deine Waffen anzustoßen? Wie kommt man hinein und hinaus?

Setze dich nicht dorthin, wo Ältere ihren Platz haben.

Gehaltvolles und substanzloses Sprechen

Halte dich mit Worten zurück und vermeide solche, wie sie Frauen und Kinder benutzen. Sei vorsichtig mit der Wiedergabe von überlieferten Heldentaten, denn sie sind oft übertrieben. Sollte jemand anderes eine leicht verfälschte Geschichte erzählen, wende nichts dagegen ein, solange sie vom Geist der Loyalität getragen ist. Bedenke das Gehaltvolle im Substanzlosen und umgekehrt.

Gibt jemand nur dummes Zeug von sich, halte dich von ihm fern, verspotte ihn jedoch nicht. Wer sich weiterhin mit Dummköpfen abgibt, muss selbst als solcher gelten.

Wenn Samurai sich streiten, rufe nicht nach deren Verwandtschaft, um zu schlichten, denn das würde den Aufruhr noch vergrößern, sondern nach einem neutralen Schlichter, oder ziehe einen Freund heran, der wie zufällig dort auftauchen könnte. Bevorzuge Nicht-Trinker, um mit Nicht-Trinkern zu verhandeln, und Trinker, um mit anderen Trinkern zu schlichten, denn sie verstehen einander besser.

Bei der Erzählung über Samurai sind Ausdrücke wie »furchtsam« zu vermeiden, der Kampf soll stets als tapfer dargestellt werden. Gerede über Gold und Silber oder den überzogenen Preis von Dingen soll man meiden.

Schriftverkehr

Sei vorsichtig mit Details, wenn du etwas aufschreibst. Mündlich Übermitteltes kann gegebenenfalls der Sorglosigkeit des Überbringers angelastet werden, aber alles Schriftliche bleibt als Zeugnis bestehen. Schreibe die Worte anderer mit Wohlwollen auf, denn sie klingen auf Papier oft harscher als wenn sie ausgesprochen werden. Darum erwäge stets selbst die Absichten anderer, wenn du ihre geschriebenen Worte liest.

Andere um Rat bitten

Bedenke stets, dass die Dinge einen Anfang und ein Ende haben, das gilt für Unternehmungen wie auch für Gesagtes. Wenn dir das Ende einer Sache nicht klar ist, berate dich mit Menschen, die damit Erfahrung haben, oder mit Weisen. Handelt es sich um etwas, das nicht offen besprochen werden kann, so ziehe Fremde zu Rate, ohne dass diese wüssten, was deine Absicht ist; dies nennt man *tamon no tsutae* (die Tradition, andere zu fragen).

Verborgene Tugend

Viele Menschen anderer Berufe verüben gute Taten, um Aufmerksamkeit zu erregen. Sie betrachten die verborgene Tugend *(intoku)* eines Samurai als sinnlos. Doch ein Krieger schätzt dieses Verborgene, und wer es nicht besitzt, wird *hyori-mono* genannt, ein Mensch mit zwei Seiten, und von anderen Samurai missachtet.

Urteilen und Erwägen

Urteilen *(funbetsu)* heißt, richtig und falsch abzuwägen; Erwägen *(shian)* bedeutet, den rechten Weg zu finden. Das Erwägen ist die Grundlage, doch wenn Situationen schwierig werden, gilt es zu urteilen.

Feigheit und Abneigungen

Es kann als feige gelten, wenn sich jemand vor Donner und Erdbeben fürchtet, dies ist aber vielleicht auf eine natürliche Veranlagung oder eine

Krankheit zurückzuführen. Bestimmte Tiere oder Pflanzen zu meiden ist hingegen eine Abneigung, die man nicht als Feigheit bezeichnen sollte. Ein Samurai, der solche Abneigungen hat, sollte sich nichts anmerken lassen.

Die richtige Einstellung ist tatsächlich zwischen Tapferkeit und Feigheit anzusiedeln und wird der mittlere Geist *(chushi)* genannt, denn man sollte weder zu furchtsam noch zu draufgängerisch sein.

Gesetze achten

Wenn du in eine andere Provinz oder ein anderes Land reist, erkundige dich nach den dortigen Gesetzen und halte dich daran, auch wenn diejenigen deiner Heimat anders sind. Beim Passieren der Grenzkontrolle sei freundlich und zeige so deinen Respekt vor dem Gouverneur der Provinz.

Solltest du länger an einem fremden Ort weilen, hole Informationen über dessen Clan, seine Beamten und Fürsten ein. Errege dabei keinen Verdacht, aber tue es gleich nach deiner Ankunft, weil man dir später bei einem Notfall diese Kenntnisse womöglich vorenthält. Erkundige dich auch nach den anderen Gästen deiner Unterkunft, sei aber zurückhaltend damit, dich ihnen vorzustellen.

Reisemedizin

Du solltest ein gutes Verständnis von Medikamenten und ihren Eigenschaften besitzen und die wichtigsten bei dir haben. Dies sind solche gegen Lebensmittelvergiftung, Hunger, Mundgeruch, Erschöpfung der Pferde sowie welche zur Steigerung der Vitalität.

Reiskochen

Wenn keine Pfanne zur Hand ist, weiche den Reis eine Weile in Wasser ein, wickle ihn dann in ein Strohbündel, vergrabe dieses in der Erde und entzünde an der Spitze ein Feuer. So wirst du halb gekochten Reis bekommen.

Im Allgemeinen hält sich Reis am besten, wenn man ihn heiß in einem Gefäß verschließt. Um sicher zu sein, kann man ihn später erneut erhitzen. Das beste Verhältnis ist ein gleicher Anteil von Wasser und Reis; wenn der Reis weicher werden soll, gib mehr Wasser dazu.

Solltest du Raufbolden begegnen und ihnen nicht ausweichen können oder die sanfte und freundliche Ansprache deinerseits nichts nutzen, halte deine Laterne vor sie hin; dies führt oft dazu, dass sie Abstand halten oder Reißaus nehmen. Lässt sich ein Kampf nicht vermeiden, strecke sie so schnell wie möglich nieder. Weißt du aber schon vorher von ihrer Anwesenheit, wähle einen anderen Weg.

Wenn du keine Laterne bei dir trägst, gehe im Schatten, damit du die anderen besser sehen kannst.

Einen dunklen Ort betreten

Wenn du einen dunklen Ort betrittst, schließe eine Weile deine Augen und öffne sie dann wieder. Um dich nicht zu sehr auf die Augen zu verlassen, übe immer wieder, mit geschlossenen Augen zu gehen.

Unvorhergesehene Ereignisse

Du könntest von Feuer oder Erdbeben usw. überrascht werden. Richte dich dabei nach dem ‚Weg der fliegenden Vögel' *(hicho no ho)*, die sich mit ruhigem Geist schnell fortbewegen. Bei der Art, in einem Notfall zügig zu laufen, konzentriert man sich auf den großen Zeh; dies wird *ashinami* genannt und soll dem Fallen wie auch Wadenkrämpfen vorbeugen.

Im Falle von Bränden stecke dir Rettich in den Mund und krieche – da sich dort weniger Rauch befindet – am Boden entlang nach draußen.

Die eigene Idee schützen

Ein anderer könnte deine Ansicht als seine eigene ausgeben. Dies nennt man »das gleiche Pferd besteigen« *(shiriuma ni noru)*. Gib deshalb nur sieben von deinen zehn Punkten preis. So schützt du dich davor, deine Idee gestohlen zu bekommen.

Der rechte Geist (Mubyoshi-ryu)

Der Text Shinkan no maki, aus dem wir hier zitieren, stammt aus der Mubyoshi-ryu (Schule ohne erkennbaren Rhythmus), die ca. Mitte des 16. Jahrhunderts in Japan entstand und sich auf Nahkampftechniken spezialisierte, aber auch den Umgang mit Waffen lehrte.

Arten der Wahrnehmung

Es gibt drei Arten, den Feind wahrzunehmen: durch den Geist, durch die Augen und mittels der Form. Mit dem Geist stellt man sich den Geist des Gegners vor, ehe man sich ihm nähert. Mit den Augen beobachtet man die Augen des Gegners, um Rückschlüsse über seine Absichten zu erhalten, ohne jedoch selbst etwas preiszugeben. Wenn diese beiden Arten gemeistert sind, gelingt auch das Wahrnehmen mittels der Form. Wenn dein Geist den Gegner eingeschätzt hat, soll die Wahrnehmung mittels Augen und Form dich allerdings nicht verlangsamen.

Den Abstand zum Gegner richtig einschätzen

Hier geht es um den Abstand *(kenmon)* zwischen zwei stehenden Personen oder einer, die sitzt, und einer, die steht. Üblicherweise beträgt er knapp zwei Meter, etwa die Hälfte davon wird von den jeweiligen Schwertern der beiden Gegner überbrückt. Eine stehende Person kann sich ausdehnen, eine sitzende kaum. Für die richtige Einschätzung sind der Stand des Gegners und sein Zeitgefühl zu bedenken. Auch die Begrenztheit des Raumes ist zu beachten.

Wenn du dem Gegner nahekommst, könnte es zu nahe werden; wenn du auf zwei Meter Abstand bist, ist dieser wiederum schwer einzuschätzen. Das *kenmon* des Geistes ist darum dem der Technik vorzuziehen. Ist der Geist entspannt, wird es sich einstellen.

Angreifen, sobald sich der Feind bewegt

Sobald der Gegner ungeschützt ist oder sich bewegt, gilt es anzugreifen, doch ohne eigene Absicht. Es gibt in einem Kampf Erwartetes und Unerwartetes, verpasse nicht den Augenblick des Wandels. Sieg und Niederlage sind unbekannt, man sollte als Samurai auch nicht darüber sprechen.

Atari ist der Raum zwischen zwei Ereignissen, es ist die Mitte eines Dinges oder das Zentrum des ausgewogenen Geistes. Denke nicht an Anfang, Mitte und Ende als drei Dinge, sondern von der ausbalancierten Mitte als einzigem Punkt. Wenn du kämpfst, dann in einem einheitlichen Rhythmus. Wirfst du z. B. Puder in die Augen des Gegners und versuchst ihn danach zu ergreifen, dann bist du um einen Schlag verzögert und deine Technik ist in zwei Teile getrennt. Versuche darum, ihn zu ergreifen, noch bevor du das Pulver wirfst. Es mag dann zwar so aussehen, als tätest du zwei Dinge, aber du machst sie mit einem einzigen Geist. Darum nennt man unsere Schule *mubyoshi*, ohne Rhythmus.

Die fünfzehnte Nacht des Mondmonats beachten

Das Konzept von sieben, fünf und drei stammt aus dem Shinto-Buddhismus. Die drei Zahlen ergeben addiert fünfzehn, und am fünfzehnten Tag eines jeden Monats nach dem Mondkalender haben wir Vollmond. Der Vollmond ist hier das Symbol für die vollkommene Vorbereitung des Gegners. In diesem Zustand kann er nicht angegriffen werden. Warte, bis der Mond untergeht, also der Gegner nachlässig wird, oder greife ihn an, bevor der Mond voll am Himmel steht, also bevor er sich gänzlich darauf einstellt.

Die Kunst des Mondes auf dem Wasser

Gießt man Wasser in eine Schale und bedeckt sie, wird der Mond auf den Deckel scheinen. Öffnet man sie etwas, wird ein wenig Mondlicht im Wasser reflektiert. Nimmt man den Deckel komplett weg, spiegelt sich der Mond gänzlich im Wasser. Dabei folgt er den Wellenbewegungen, er bewegt sich entsprechend: Bricht eine Welle, dann bricht auch die Reflektion des Mondes im Wasser. Beruhigt sich das Wasser, kehrt die Reflektion des Mondes in ihren ursprünglichen Zustand zurück. So solltest auch du dich gemäß der Situation anpassen und bewegen.

Die Kunst, einen Wagen einen hohen Berg hochzuschieben

Wenn du während eines Kampfes mit einem Feind sorglos wirst, drängt er dich zurück. Dies gleicht folgender Situation: Schiebst du einen Wagen einen Berg hinauf, drückt dich der Wagen in die andere Richtung, wenn du nicht sorgfältig vorgehst.

Töte gewissermaßen deinen Körper und halte nur deinen Geist lebendig. Wer unbedingt gewinnen will, also den Wagen den Berg hochschiebt, wird am Ende eines Kampfes oft nachlässig; dann ist es wie mit dem Wagen, der bergab rollt. Wenn du am Gewinnen bist, bleibe aufmerksam, wenn du verlierst, gib dich nicht Zweifeln hin.

Die Kunst, sich im Kreis zu nähern

Während man mit einer Langwaffe Distanz und mit einer Kurzwaffe Nähe sucht, ist hier gemeint, in jenen Umkreis des Feindes zu schnellen, wo sein Schwert treffen kann, den Bogen, den sein Schwert beschreibt, aber so gut einzuschätzen, dass er gerade noch verfehlt. Dies nennt man »am Kreis kleben«, hier duckt man sich noch; doch dann greift man an, was man »in den Kreis eindringen« nennt.

Einen Feind fangen, indem man ihn zum Sitzen zwingt

Wenn ein stehender Feind dich angreift, täusche vor, nicht mit ihm zu kämpfen, und bleib sitzen. Sage ihm: »Ich verstehe, dass ich keinen Sieg erringen kann, selbst wenn ich aufstehe, also bitte setzt Euch«, oder etwas anderes, was ihn verärgern könnte. Zu diesem Zeitpunkt ergreife ihn, sobald er seine Bewegung verändert. Mach dir klar, dass du auch aus einer sitzenden Position kämpfen kannst, dass es aber ein Fehler ist, aufzustehen, wenn der Feind schon zu nahe bei dir steht.

Die gleiche Methode kannst du anwenden, falls du stehst und der Gegner sitzt.

Die Kunst, Stärke und Schwäche zu ergreifen

Wenn ein Feind andeutet, dass er sein Schwert nicht ziehen wird, oder wenn er gar Schwäche vorgibt, dann erzeugst du Wut in ihm und schnellst dann vor, um seine Schwäche auszunutzen. Denn sobald er wütend wird, zieht er doch das Schwert. Verstehe sowohl Stärke wie Schwäche, und wenn es nicht möglich ist, einen schwachen Punkt zu erfassen, dann ergreife die ankommende Stärke des Gegners mit eigener Kraft. Auch hier achtet der Geist darauf, den anderen zu überrumpeln. Stärke wie Schwäche wandeln sich, selbst die Wahrheit kennt Wandel.

Jemand, der nicht mit anderen kämpft, kann wie ein Toter wirken, so dass es schwer ist, seine Bewegungen vorauszuahnen. Schlage ihn zunächst auf die Seite und errege so seinen Kampfgeist, dann ergreife ihn. Finde die Schwachstellen heraus, wo der Gegner unachtsam ist.

Umgekehrt gilt es auch, Schwäche zu ergreifen, z. B. festzustellen, welches die schwache Hand eines Feindes ist usw.

Die Kunst der Acht und der Eckzähne

Selbst wenn dich ein Feind niedergerungen hat, beiße ihm mit den Eckzähnen in die Nase und seine Handgelenke. Du solltest jedes Körperteil zur Gegenwehr benutzen, wenn du nichts mehr mit deinem Schwert tun kannst. *Kiba hachi nin* bedeutet, den Geist von acht Angreifern zu haben. Es bedeutet auch, als einer gegen acht oder mehr Feinde zu bestehen. Selbst wenn du selbst den Feind unter dir hast, aber dein Schwert nicht nutzen kannst, sollst du ihn wenigstens beißen. Auch wenn du eine Überzahl auf deiner Seite hast, vergiss nicht: Eine Ratte, die man in die Ecke treibt, wird ebenfalls beißen.

Die Kunst des Bewusstseins und des peripheren Sehens

Du solltest ein Bewusstsein des Unterkörpers deines Feindes haben, selbst wenn du ihm ins Gesicht schaust. Wenn deine Aufmerksamkeit sich nach oben richtet, sollte dein Geist nach unten aufmerksam sein. Die Augen nutzen dabei das periphere Sehen, um das Untere wahrzunehmen.

Wenn du mit dem Geist beobachtest, erscheint dir alles in den Augen. Schau dir den Feind also nicht nur mit den Augen an. Willst du etwas von rechts nehmen, schaue nicht direkt hin, erledige das mithilfe des peripheren Sehens. Das Prinzip des Geistes kommt zuerst, danach das Prinzip der Augen. Beobachte zwar die Augen der anderen, offenbare deinen Geist aber nicht durch die eigenen.

Kumazawa Banzan: Verborgener Mut

Kumazawa Banzan (1619-1691) war Neo-Konfuzianer der yomeigaku-Schule und diente dem Fürsten Ikeda Mitsumasa der Provinz Bizen. Er setzte sich für Landwirtschaft und Bildung ein, kritisierte aber später die Politik des Tokugawa-Shogunats, die der neokonfuzianischen shushigaku-Schule anhing, und wurde darum inhaftiert. Banzan sprach sich besonders gegen die Vererbung politischer Ämter aus und gegen das Verbot für Nicht-Samurai, Waffen zu tragen.

Ein guter Krieger ist stets mutig und dem Weg der Samurai und Kampfkünste tief ergeben. Er versucht, nicht ins Stolpern zu geraten, was auch immer passiert. Er respektiert seine Vorgesetzten, hat Mitempfinden mit seiner Frau, seinen Kindern und mit Jung und Alt auf der ganzen Welt, denn er zieht in seinem menschlichen und liebenden Herzen den Frieden vor. Wenn dazu noch Männer kommen, die in unerwarteten Notfällen sich selbst und ihr Zuhause vergessen, große Taten begehen und militärischen Erfolg erringen, selbst wenn sie ungebildet sind, dann können wir sie Ritter des Weges nennen, Ritter des Weges von Kultur und Waffen.

Es heißt, verborgener Mut sei der beste, doch selbst eine feine Klinge könnte versagen, wenn man sie auf die Probe stellt. Die relative Stärke kriegerischen Mutes ist offenbar genauso. Es muss so etwas wie verborgenen Mut geben, doch manche meinen, er stecke nur in einem Menschen von hundert, während die meisten so seien, wie sie erscheinen.

Ob ein Schwert schneidet oder nicht, kann man tatsächlich an der Klinge erkennen. In alten Zeiten konnten die Krieger nur selten Schwerter ausprobieren, darum sollen sie ihre Klingen nur durch eigenes Begutachten ausgewählt haben. Wenn wir dies selbst erlernen, wird auch uns eine solch treffende Einschätzung gelingen. Eine Klinge, die wohlerhitzt wurde und glänzt, als habe sie eine Seele, wird auch schneiden. Doch eine harte, seelenlose Klinge, die bloß wohltemperiert wirkt, ist nur schwach und stumpf und wird nicht schneiden. Wenn man diese guten und schlechten Eigenschaften zu erkennen lernt, werden sie immer offensichtlicher. Es gibt auch unergründliche Klingen. Einige wirken stumpf, sind es aber nicht; ihre Schärfe und feine Mischung sind unsichtbar wie ein Himmel hinter Wolken oder die Tiefen eines Teiches. Verborgener Mut ist wie solche außerordentlichen Waffen.

Alle Samurai sollten kriegerischen Mut haben, alle Schwerter schneiden können. Griff und Scheide eines Schwertes sind mit Gold- und Silberfäden verziert. Das Schwert wird weder zu früh noch zu spät gezogen. Das Kriegerdasein sollte prinzipiell von Kultur durchdrungen sein, es hilft dem Mut, wenn er in Menschlichkeit und in liebevolles und freundliches Alltagsverhalten gebettet ist. Schnell mit dem Schwert zur Hand zu sein ist keine natürliche Fähigkeit, das Unglück ist in solchen Fällen stets nahe. Wenn deine Tapferkeit noch wie die Schnelligkeit eines Kurzschwertes ist, solltest du beide angemessen bedecken.

Wer sich seines Mutes und seiner Stärke rühmt, wird häufig verletzt. Wenn man sich auf seine Güte beruft, verliert man sie, ebenso wie andere Fähigkeiten, mit denen man angibt. Dies ist eine alte Erkenntnis: Wer seinen Mut zur Schau stellt, wird von anderen gehasst, so dass er – selbst wenn er etwas erreicht – kein Lob erntet, sondern Ignoranz.

Es heißt, dass weder Gutgelaunte noch Bösartige fürs Schlachtfeld taugen. Die Hinterlistigen sollen in der Schlacht langsam sein. Man fragt sich, ob es einen Weg gibt, Stärke und Schwäche zu bestimmen. Wer von direkter Natur ist, soll für die Schlacht geeignet sein; sie ist für Krieger so normal wie das Bestellen des Ackers für einen Bauern. Krieger halten es für am besten, im Alltagsleben anständig, gerecht und vernünftig zu sein. Man sollte ihnen nicht bloß aufgrund ihrer Leistungen auf dem Schlachtfeld hohe Gehälter zahlen oder sie befördern.

Ein Drache ist eine Kreatur mit höchster positiver Energie, so dass er sogar ohne Flügel am Himmel dahinziehen kann; dennoch rollt er sich meist in den stillsten Gewässern zusammen. Auf die gleiche Art kultiviert ein Mensch mit dem Herzen fortwährend wahren kriegerischen Mut.

Shiba Yoshimasa: Kritisieren aus Geistesruhe

Shiba Yoshimasa (1349-1410) gehörte dem führenden Ashikaga-Clan des zweiten Shogunats an und war unter Ashikaga Yoshimitsu Generalgouverneur. Er trat später einem buddhistischen Orden bei.

Man sagt, gute Krieger und gute Buddhisten seien gleichermaßen umsichtig. Jedenfalls ist es irritierend, wenn man keinen ruhigen Geist hat. Nur die Aufmerksamen können sogar den Geist anderer befrieden. Der Charakter und die Gesinnung von Menschen werden an ihrem Verhalten offenbar. Selbst wenn niemand dich sieht, stelle dir vor, die Wände hätten Augen – und vernachlässige deine Deckung nicht. In der Gegenwart anderer solltest du dir erst recht keinen Fehltritt erlauben. Selbst wenn du nur ein einziges Wort äußerst, sollte es nicht oberflächlich sein. Und auch wenn du die Schönheit von Blumen liebst, sollte dein Geist anmutig und ernsthaft sein und auf dieser Grundlage solches sinnliche Vergnügen genießen. Selbst in geschlechtlichen Beziehungen zu anderen gibt es ohne Aufrichtigkeit keine wirkliche Sinnlichkeit.

Wenn du nur an dich denkst, verwirren dich die Anweisungen deiner Eltern und du lehnst ihre Ratschläge ab. Auch wenn deine Eltern dumm sind, wirst du das Prinzip der Natur nicht verletzen, solange du ihnen folgst. In den allermeisten Fällen macht das, was Eltern ihren Kindern sagen, sowieso Sinn, es wird allmählich an einem selbst offenkundig. All die Worte unserer Eltern, die wir vor langer Zeit in unserer Verwirrung ablehnten, sind wichtig. Du solltest sogar ein fragwürdiges Elternteil eher nachahmen als einen Fremden, denn so wird das Familienerbe übertragen und als persönliches Vermächtnis bekannt.

Jeder sollte Buddhas und Gottheiten verehren, doch dabei gilt es, Folgendes zu verstehen: Ob Buddhas in der Welt auftauchen oder Götter sich manifestieren, es ist stets zum Nutzen der menschlichen Gemeinschaft. Es hat nichts mit dem Verurteilen von Leuten zu tun. Buddhas und Götter regen vielmehr die Menschen an, ihren Geist zu reinigen, Güte, Gerechtigkeit, Höflichkeit, Glauben und Intelligenz walten zu lassen. Diese Grundlage missachten viele und drangsalieren stattdessen die Bevölkerung im Namen des Glaubens, indem sie ihr Dinge wegnehmen, um Tempel und Klöster zu errichten. Sie geben vor, Gottheiten zu verehren, und versammeln die Menschen, um Zeremonien in Schreinen zu vollführen. Mir scheint, dies widerspricht dem Dienst an Buddhas und Göttern. Selbst wenn jemand keinerlei religiöse Praktiken ausübt und nie einen Schrein aufsucht, werden weder Buddhas noch Gottheiten ihn missachten, solange er mitempfindend und ehrlich ist. Außerdem beten die Menschen nur in Tempeln und Schreinen, wenn sie in Schwierigkeiten stecken. Dies wirkt eitel. Man sollte Buddhas und Gottheiten lediglich um einen guten Zustand im nächsten Leben bitten. Das könnte zwar wirksam sein, doch selbst dies – so lernt man – führt einen nicht direkt auf den wahren Weg.

Wenn Menschen, die im Staatsdienst sein sollten, sich selbst herabsetzen, weil sie denken, sie seien der Aufgabe nicht gewachsen, ist das bedauerlich und töricht. Als Mensch geboren, solltest du danach streben, die Massen zu übertreffen und anderen zu helfen. Es sollte ein Vergnügen sein, das Beste für andere zu geben, in jedem Leben. Dies allein ist der Zweck eines Bodhisattvas. Das eigene Streben dem eines Bodhisattvas anzugleichen, ist die höchste Freude.

Ein aufbrausendes Talent ist entwürdigender als alles andere. Egal, wie irritiert du bist, als erstes beruhige deinen Geist und unterscheide Richtig und Falsch. Erst wenn du dir sicher bist, im Recht zu sein, darfst du wütend werden. Wenn du aufgrund deiner eigenen Vorurteile aufbraust, werden die anderen nicht eingeschüchtert sein, selbst wenn du dich noch mehr hineinsteigerst. Menschen sollten nur von der Wahrheit beschämt und eingeschüchtert sein. Ist etwas bloß ärgerlich, rege dich also ab und bedenke das Ganze nochmal. Es ist immer gut, wenn du bereit bist, einen Irrtum einzugestehen. Problematisch ist, auf einer bestimmten Einstellung und Ansicht zu beharren. Es ist jedoch ebenso schlecht für dich und andere, wenn du meinst, Güte hieße, wie ein dreijähriges Kind zu kuschen oder bloß nicht wütend zu werden und nichts zu verübeln, nie zu lamentieren und anderen keine Lektion zu erteilen. Man wird dich dann als jemanden ansehen, der mit allem, was andere tun, einverstanden scheint. Kritisiere lieber, was kritikwürdig ist, und bewahre deine Geistesruhe, so dass du nicht als ignorant giltst.

Nakae Toju: Kultur und Kampfkunst

Nakae Toju (1608-1648) gab seinen Dienst als Samurai auf, um für seine Mutter zu sorgen. Er verfasste mit einundzwanzig Jahren eine Abhandlung zu Konfuzius' »Großem Lernen« und widmete sich fortan der Erziehung und dem Geldverleih, wobei er für seine bescheidenen Zinsforderungen bekannt war. Ab 1640 setzte er sich ausgiebig mit dem Neokonfuzianer Wang Yangming (1472-1529) auseinander. Nakae hielt kulturelle Bildung für ebenso wichtig wie Kampfkunst.

Kultur ist ein anderer Name für den Pfad der Menschlichkeit, Kampfkunst ein anderer Name für den Pfad der Gerechtigkeit. Weil Menschlichkeit und Gerechtigkeit eine einzige Tugend der menschlichen Natur sind, sind auch Kultur und Kampfkunst ein einziger untrennbarer Wert. So wie die kreative Kraft des Universums eine Energie ist, die sich in Yin und Yang ausdrückt, so drücken sich Empfindsamkeit und Wirksamkeit der menschlichen Natur als eine Eigenschaft in Kultur und Kampfkunst aus. Kultur ohne Kampfkunst ist keine wahre Kultur, Kampfkunst ohne Kultur ist keine wahre Kampfkunst. Kulturelle Künste ohne kulturelle Tugenden nutzen nichts, Kampfkünste ohne kämpferische Tugenden ebenso wenig. Es ist wie bei Pflanzen, die ohne Wurzeln keine Früchte hervorbringen. Einen vornehmen Menschen und sein verfeinertes Benehmen Kultur zu nennen oder zu behaupten, Grausamkeit und Strenge sollten das Handwerk eines Kriegers animieren, ist kurzsichtig und oberflächlich. Es gibt Menschen, die sanft, lässig und unbekümmert wirken, doch in Kampfhandlungen einsatzfreudig werden. Dies nennt man verborgenen Mut. Von denen, die im Kampf erfolgreich sind, werden viele von verborgenem Mut bestimmt. Andererseits gibt es solche, die wild wie Dämonen auftreten, aber äußerst feige sind. Dies gleicht dem Charakter eines Schafes in der Haut eines Tigers.

Anhang

Kaibara Ekken: Die Kunst des Gesundbleibens

Kaibara Ekken (1630-1714) war Arzt und Konfuzianer im Dienste verschiedener Fürsten. Er setzte sich für ethisch begründete Kampfphilosophie ein und gegen jedweden Todeskult. Im Bereich der Militärstrategie lehnte er sich an chinesische Vorbilder an. Seine Gesundheitstipps verfasste er im Alter von 81 Jahren.

Für Samurai ist es nicht schwer, sich im Kampf zu opfern. Was die Mordlust angeht, ist sie sogar Banditen bekannt. Schwieriger ist es, sich für die Gerechtigkeit zu opfern. Darum ist es eine Missachtung des Körpers, zu sterben, wenn man es nicht sollte – eine Respektlosigkeit gegenüber dem, was man von seinen Eltern empfing. Wenn du hingegen dann nicht stirbst, wenn du es solltest, bedeutet dies, den Tod zu fürchten und am Leben zu hängen.

Bist du unter Leuten und beleidigt dich jemand oder ist unfreundlich, kümmere dich nicht darum, wenn die Ehrverletzung nicht bedeutsam ist, und tue so, als hättest du nichts gehört. Du willst dich ja nicht mit einem Dummkopf streiten. Falls derjenige es aber nicht versteht und auf dich herabsieht im Glauben, dich beschämt zu haben, ist es möglich, dass er dich bei anderer Gelegenheit erneut bloßstellt, weswegen du ihn herbeizitieren und tadeln solltest, wenn kein anderer dabei ist.

Falls du in Gegenwart anderer beleidigt wirst, werde nicht wütend, selbst wenn es zwei Mal geschieht. Antworte mit der Wahrheit. Akzeptiert der andere sie nicht, ermahne ihn ernsthaft, ohne ihn zu beleidigen. Menschen, die andere aus Verachtung beleidigen, sind Narren, die nicht an die verhängnisvollen Folgen denken. Sie sind ausnahmslos furchtsame, unbedeutende Trottel, darum werden sie still sein, sobald du sie streng ermahnst. Doch solltest du selbst niemanden herablassend beleidigen, denn er könnte trotz seiner Furcht so verärgert sein, dass er angreift. Wenn du mit jemandem kämpfst, der die Kontrolle über sich verloren hat, musst du selbst im Falle eines Sieges *seppuku* (Selbsttötung) begehen.

Falls ein Streit zu einem Kampf führt, dann beruht dieser stets auf Worten. Im Wortstreit rügt einer die übertriebenen Ausdrücke und Unhöflichkeiten eines anderen und weigert sich, diese zu tolerieren. Wenn dir selbst jedoch diese Toleranz gelingt, gibt es keinen Streit, keinen Feind, keine Schande. Im Umgang mit anderen ist Freundlichkeit in Sprache und Verhalten oberstes Gebot.

Militärische Handlungen sollten auf der Grundlage von Menschlichkeit und Gerechtigkeit geschehen. Dies bedeutet, kultivierte Krieger einzusetzen. Wenn du deinen Krieg nicht mit solchen Samurai stützt, werden Männer zu Banditen werden. Einen Krieg zu führen widerspricht normalerweise dem gütigen Herzen des Universums, das den Wesen zur Geburt verhilft. Weise benutzen Waffen nur, wenn es unvermeidlich ist. Dies ist die Anwendung eines Naturprinzips. Die Kriegführung von Weisen ist eine Übung in Gerechtigkeit, in ihr ist Menschlichkeit. Der rechte Sinn bei der Nutzung von Waffen wurde einst in Versen über Termiten ausgedrückt: Es verletzt die Menschlichkeit, sie zu töten, und die Gerechtigkeit, sie sich ausbreiten zu lassen.

Innere Begierden und äußere Übel

Die Kunst des Gesundbleibens beinhaltet zuerst, Dinge vom Körper fernzuhalten, die ihm schaden könnten; das sind die inneren Begierden – der Wunsch nach Speis und Trank, sexuelle Genusssucht, Schlaf, endloses Reden –, die sieben Emotionen – Freude, Wut, Kummer, Nachdenklichkeit, Traurigkeit, Furcht und Bestürzung – und die äußeren Übel – die vier atmosphärischen Aspekte: Wind, Kälte, Hitze und Feuchtigkeit. Wenn man die inneren Begierden unterdrückt und die äußeren Übel fürchtet und sich gegen sie wappnet, kann ein Schaden an der körperlichen Vitalität vermieden und ein langes Leben ohne Krankheit garantiert werden.

Man sollte sich jeden Tag ein bisschen bewegen und nicht zu lange bequem sitzen. Nach Mahlzeiten sollte man stets ein paar hundert Schritte im Garten spazieren gehen. An Regentagen kann man langsam im Hause herumlaufen. Wenn man das jeden Morgen und Abend praktiziert, werden Speis und Trank nicht schwer im Magen liegen, das Blut wird nicht stagnieren und Krankheiten werden abgewehrt, ohne dass man zu Akupunktur oder Moxibustion Zuflucht nehmen müsste. Es ist viel besser, sich wohl und frei von Schmerz zu fühlen, indem man diesen Anweisungen folgt, als die Pein und Tortur von Akupunktur und Moxibustion zu ertragen.

Langes Leben

Bis ein Mensch fünfzig Jahre alt wird, sind sein Blut und sein Lebensgeist noch nicht stabil, und seine Weisheit hat sich noch nicht entwickelt. Er weiß wenig über Vergangenheit und Gegenwart und hat sich noch nicht dem sozialen Wandel angepasst. Was er sagt, ist häufig daneben, und was er tut, bedauert er oft. Er ignoriert sowohl die Wahrheit als auch das Vergnügen des Lebens. Wenn jemand stirbt, bevor er fünfzig Jahre alt wird, sagt man, er sei jung verschieden. Man sollte ergänzen, dass sein

Leben kurz und unglücklich war. Denn erst wenn jemand lange lebt, sind die Freuden und Wohltaten zahlreich. Er lernt jeden Tag Neues und kann im folgenden Monat Dinge tun, von denen er zuvor nichts verstand. Ein langes Leben ist nötig, um Fortschritte im Lernen zu erzielen und Wissen zu entwickeln. Darum sollte man die Kunst des Gesundbleibens praktizieren und sich besonders jenseits der Fünfzig anstrengen, damit man nach Möglichkeit auch die Sechzig erreicht. Schon früher sprachen die Menschen von der Kunst der Langlebigkeit. Laotse sagte: »Das Leben liegt in den eigenen Händen, nicht in denen des Himmels.« Das bedeutet, dass ein Mensch, der sich zu dieser Kunst entschließt, die Kraft hat, ein fortgeschrittenes Alter zu erreichen. Eine Person jedoch, die von roher Natur ist und macht, was ihr gefällt, anstatt ihre Begierden zu kontrollieren, kann kein langes Leben erreichen.

Normalität und Notfall

Das folgende Argument wird von Zweiflern an der Kunst des Gesundbleibens vorgetragen: Eine Person, die diese Kunst praktiziert, schätze nur ihren eigenen Körper und ihr eigenes Leben. Dagegen ist zu sagen: Ein edler Mensch nimmt seine Verantwortung gegenüber anderen Menschen wahr und ist bereit, sein Leben für sie zu opfern.

Zugunsten der Pflichterfüllung wird er sein Leben verachten, egal, welche Gefahr droht. Er wird sich jedem Risiko stellen und, wenn nötig, für die Ehre sterben. Wenn einer jedoch nur an seine eigene Sicherheit denkt und nicht einmal ein Haar auf seinem Kopf oder eine Schramme auf der Haut riskieren will, wird er Pflicht und Ehre aus Eigenliebe verletzen, sobald es hart auf hart kommt.

Ich antworte darauf, dass es zwei grundlegende Situationen gibt: eine gewöhnliche und eine außergewöhnliche. Im Normalfall sollte sich jemand normal benehmen. Im Notfall sollte man jedoch außergewöhnliches Verhalten an den Tag legen. Die eigene Pflicht kann erfüllt werden, wenn es die Umstände erfordern. Die Art, sich im Normalfall zu verhalten ist, für den eigenen Körper und das eigene Leben Sorge zu tragen. Die Art, auf einen Notfall zu reagieren, besteht darin, sich der Pflicht zu stellen und sich nicht ums eigene Leben zu sorgen. Jener Zweifel an der Verträglichkeit der Kunst des Gesundbleibens mit der Pflichterfüllung würde nicht entstehen, wenn man den Unterschied zwischen dem Verhalten im Normalfall und im Notfall begriffe.

Ein edler Mensch soll zur rechten Zeit das Rechte tun, je nach den Umständen. Es ist wie das Tragen einer Lage Stoff im Sommer und vieler Lagen Stoff im Winter. Man sollte nicht jede Situation im gleichen Licht betrachten und sich nicht immer gleich verhalten. Außerdem ist zu bedenken, dass man im Notfall angesichts des Todes keinen zähen Kampf ausfechten kann, wenn man seinen Körper nicht schon zu gewöhnlichen Zeiten gekräftigt hat.

Der Wunsch nach Schlaf

In vergangenen Zeiten empfahlen die Menschen Selbstbeschränkung bei den drei Begierden: dem Wunsch nach Speis und Trank, dem Wunsch nach sexueller Befriedigung und dem Bedürfnis nach Schlaf. Die Menschen wissen, wie sie die beiden ersten Wünsche unterdrücken können, doch einige sind sich nicht im Klaren darüber, dass ein Beschränken der Schlafenszeit Teil der Kunst des Gesundbleibens ist. Es hilft nämlich, den Lebensgeist im Körper zirkulieren zu lassen. Zu viel Schlaf behindert diese Zirkulation und führt zur Krankheit. Spät nachts ins Bett zu gehen ist gut. Am schädlichsten dagegen ist der Schlaf am Tag, doch auch kurz nach Sonnenuntergang ins Bett zu gehen ist falsch, weil Speis und Trank, die man zu sich genommen hat, sich dann zusammenballen. Das gleiche gilt für ein Nickerchen nach einer Mahlzeit. Die Nahrung ist nicht verdaut und der Lebensgeist, der sich damit beschäftigen muss, wird am Zirkulieren gehindert. Wenn jemand faul ist und sich am Schlaf erfreut, wird er daraus schnell eine Angewohnheit machen und viel zu viel schlafen. Es mangelt ihm an Entschlusskraft, von vornherein das übermäßige Schlafen zu unterlassen.

Nach den Mahlzeiten

Morgens sollte man früh aufstehen, das Gesicht und die Hände waschen, das Haar richten, die restliche Morgenroutine durchführen und nach dem Frühstück den Bauch mehrere Male nach unten hin reiben, um die Zirkulation der Nährstoffe aus dem Essen, das man zu sich genommen hat, zu verstärken. Es ist auch ratsam, die linke Seite wiederholt im spitzen Winkel mit der Innenseite des Zeigefingers zu reiben, damit die Eingeweide zur Bewegung angeregt werden. Dann sollte die Hüfte gerieben und sanft ihr unterer Teil geklopft werden. Wenn die Nahrung trotzdem noch schwer im Magen zu liegen scheint, sollte man das Gesicht nach oben wenden und drei, vier Mal die schlechte Luft aus dem Magen herauslassen. Menschen, die etwas vom Gesundbleiben verstehen, stehen früh am Morgen auf, gehen etwa um Mitternacht ins Bett, halten keine Nickerchen und sind ständig in ihre Arbeit vertieft. Indem sie ihren Schlaf reduzieren, erlangen sie geistige Frische, und indem sie wenig essen und trinken, halten sie ihre Verdauungsgänge sauber. Darum besitzen sie eine Menge Vitalität, ihre Blutzirkulation wird nicht behindert und sie werden nicht krank.

Tugend

Der Weg, Tugend zu kultivieren und den Körper zu nähren besteht darin, Gelassenheit des Geistes und ein freundliches Temperament zu pflegen sowie wenig und in ruhigem Ton zu reden. Wenn ein Mensch zu viel redet, wird sein Geist instabil und sein Temperament rau, was sowohl seine Tugend als auch seinen Körper schädigen wird.

Selbsttötung

Man trifft selten jemanden, dessen Körper von Grund auf schwach und dem ein kurzes Leben vorherbestimmt ist. Doch selbst unter all denen, die von Geburt an für ein langes Leben bestimmt sind, können viele ihre Lebenserwartung nicht erreichen, weil sie die Kunst des Gesundbleibens ignorieren. Selbst ein Pengzu wird sterben, wenn seine Kehle mit einem Messer aufgeschlitzt wird. Wenn Menschen heutzutage ihrem Leben schaden, weil sie ihre Begierden nicht zügeln, ist das, als würden sie sich ihre Kehlen selbst durchschneiden. Obwohl letzteres schneller zum Tod führt als das Vernachlässigen der eigenen Gesundheit, sind doch beide Dinge als Selbstmord anzusehen.

Die Suche nach Vollkommenheit

Wann auch immer jemand völlig perfekt sein will in dem, was er tut, wird dadurch sein Herz belastet und die Freude am Tun verhindert. Erwartet man von anderen Menschen Perfektion, wird auch das zur Belastung, weil die Fehler der anderen Wut und Tadel in einem auslösen. Niemand sollte erwarten, dass einem alle Dinge im Leben – wie Nahrung, Kleidung, Utensilien, Wohnraum, Gartenpflanzen usw. – schön und vollendet zur tiefsten Zufriedenheit gereichen können. Man sollte sich mit dem begnügen, was die eigentlichen Bedürfnisse zufrieden stellt. Es muss nicht alles perfekt sein. Sich daran zu erinnern ist wichtig, um gesund zu bleiben.

Warnung vor den sieben Emotionen

Die sieben Emotionen sind Freude, Wut, Kummer, Entzücken, Liebe, Hass und Begierde. Für Ärzte sind es hingegen Freude, Wut, Kummer,

Nachdenklichkeit, Traurigkeit, Furcht und Bestürzung. Dann gibt es noch die sechs Begierden: die der Ohren, der Augen, der Nase, des Mundes, des Körpers und des Willens. Von den sieben Emotionen sind die Wut und die Begierde am schädlichsten für Tugend und Leben. Wut ist wie ein rasendes Feuer. Sie bringt eines Menschen Herz und Geist in Aufruhr und schadet der Vitalität. Sie muss kontrolliert werden. Begierde ist wie tiefes Wasser. Sie ertränkt das Menschenherz und schwemmt die Vitalität davon. Auch sie muss kontrolliert werden.

Die eigene Vitalität

Unsere Vorfahren verbesserten ihre Blutzirkulation mit Gesang und Tanz. Gesang bedeutete zu singen, Tanzen hieß, die Arme und Beine in einer Abfolge zu bewegen. Beides diente der Gesundheit, weil es das Herz erleichterte, den Körper ertüchtigte und die Blutzirkulation verbesserte. Dies entspricht dem Zweck heutiger Massage.

Die sieben Techniken des Gesundbleibens

Es gibt sieben Techniken, die dem Gesundbleiben dienen: 1) das Erhalten innerer Vitalität durch weniges Reden; 2) das Erhalten der eigenen Energie durch Enthaltsamkeit beim Sex; 3) das Erhalten des eigenen Blutes durch geringe Einnahme wohlschmeckender Dinge; 4) das Erhalten der Eingeweide durch das Schlucken des Speichels; 5) das Erhalten der Leber durch Kontrollieren der Wut; 6) das Erhalten des Magens durch Einschränkung von Speis und Trank; 7) das Erhalten des Herzens durch Sorglosigkeit. Alle sieben Techniken werden bereits im *Shou Chin Yang Lao Shu* erwähnt, einem Medizinbuch für Gesundheit und langes Leben von einem Arzt aus der Ming-Dynastie.

Die fünf guten Taten

Sun Zhenren sagte: »Es gibt fünf Dinge, die gut für die eigene Gesundheit sind: 1) viel vom eigenen Haupthaar abzuschneiden; 2) die Hände aufs eigene Gesicht zu legen (die Stirn zu reiben); 3) häufig auf die eigenen Zähne zu klopfen; 4) den eigenen Speichel hinunterzuschlucken; 5) das eigene Temperament ruhig und unaufgeregt zu halten.«

Die vier Übel

Im *Bing Yuan Ji* schreibt der Ming-Arzt Tang Chun: »Es gibt vier Übel: 1) den Schaden für die eigene Vitalität, wenn man weit ausspuckt (außer bei krankhaftem Phlegma); 2) den Schaden für den eigenen Geist, wenn man zu viel schläft; 3) den Schaden fürs eigene Blut, wenn man zu viel schwitzt; 4) den Schaden für die eigenen Sehnen, wenn man zu schnell läuft oder rennt.«

Richtiges Atmen

Der Atem ist die Luft, die in eines Menschen Nase hinein- und wieder herausgeht. Die Luft im Körper wird zuerst ausgeatmet; dann wird die Luft außerhalb des Körpers eingeatmet. Das ist entscheidend, um leben zu können. Die Luft im Körper eines Menschen ist die gleiche wie die in der Atmosphäre, die beiden werden ausgetauscht. Die Atmosphäre ist für den Menschen, was dem Fisch das Wasser ist. Wasser dringt in den Fisch ein und fließt aus ihm heraus, es ist innen und außen das Gleiche. Die Luft im Menschenkörper, die die inneren Organe durchdringt, wird jedoch schal und schmutzig. Die Luft in der Atmosphäre ist frisch und sauber. Gelegentlich sollte man durch die Nase frische Luft einziehen, und – nachdem sie sich im Körper ausgebreitet hat – langsam und ohne Anstrengung durch den Mund wieder ausatmen. So wird alte Luft gegen neue ausgetauscht. Dabei sollte man sich auf den Rücken legen, die Beine ausstrecken, ungefähr dreizehn Zentimeter Abstand zwischen den Füßen und zwischen den Ellbogen und dem Rumpf halten, die Augen und die Hände schließen. Das sollte man ein oder zwei Mal am Tag tun und dabei entspannt bleiben. Der Atem kann reguliert werden, so dass er immer sanfter und schwächer wird. Nach einer Weile scheint es dann, als würde keine Luft mehr die Nase verlassen. Stattdessen fühlt es sich an, als würde man leicht durch den Nabel atmen. Das beruhigt die Nerven. Es ist Teil der Kunst, die eigene Vitalität zu verbessern. Atmen ist die Weise, mit der man die Luft oder Vitalität in den ganzen Körper hinein- und wieder hinauslässt.

Heiße und kalte Dinge

Reis sollte vor dem Verzehr gut abgekocht werden, bis er ganz weich ist. Man sollte vermeiden, ihn hart oder klebrig zu essen. Er sollte verzehrt werden, solange er noch warm ist. Eine Suppe sollte man heiß essen. Selbst im Sommer sollte Sake nicht kalt getrunken werden, denn das schadet Milz und Magen. Sogar im Winter darf man Sake wiederum nicht zu heiß genießen, denn dadurch würde die eigene Vitalität übermäßig angeregt und das Blut reduziert.

Das Füllen des Magens

Auch wenn jemand die Gelegenheit bekommt, Dinge zu essen und zu trinken, an die er normalerweise nur schwer herankommt und die besonders wohlschmeckend sind, sollte er aufhören, wenn sein Magen zu acht oder neun Teilen gefüllt ist. Wenn man sich vollfrisst, wird man das später bedauern. Nur wenig zu essen und zu trinken, bringt das gleiche Vergnügen an gutem Geschmack wie ein Vielfraß zu sein.

Tabak

Tabak kam in den Jahren der Tensho-Ära (1573-1592) und Keicho-Ära (1596-1615) nach Japan. Tabak ist kein japanisches Wort. Es taucht häufig in chinesischen Büchern der jüngeren Vergangenheit auf. In Korea nennt man es »südliches Gras«. In Japan verwechseln es einige mit der Tollkrautwurzel *(radix scopoliae)*. Tabak enthält ein bösartiges Element. Einige Menschen brachen nach dem Rauchen von Tabak zusammen und rollten mit den Augen. Manche behaupten, wenn Rauchen zur Gewohnheit würde, schädige es kaum noch und könne sogar ein wenig von Vorteil sein. In Wahrheit richtet es aber mehr Schaden als Gutes an. Es kann Krankheiten verursachen, und es erhöht die Feuergefahr. Wenn man sich daran gewöhnt, wird es zu einem hartnäckigen Übel, das man kaum noch abschütteln kann, so sehr man es auch wünscht. Außerdem ist die Angewohnheit des Rauchens eine mühsame Last für die Dienerschaft, die sich ständig auf das Bedürfnis nach Tabak einstellen muss. Am besten ist, man fängt gar nicht erst mit dem Rauchen an. Für arme Leute wird das Rauchen von Tabak sowieso eine sehr kostspielige Angelegenheit.

Schlafpositionen

Man sollte stets mit dem Kissen nach Osten schlafen, um frische Lebensgeister zu empfangen, und nicht nach Norden, wo man den Geist des Todes einlädt. Wenn man neben seinem Fürsten oder Vater schläft, sollten die eigenen Füße nie in deren Richtung zeigen. In der Nacht sollte man stets auf der Seite schlafen und nicht auf dem Rücken, denn letzteres blockiert die Vitalität und setzt einen Menschen Albträumen aus. Aus dem gleichen Grund sollte man auch keinen Arm auf die eigene Brust legen. Wenn man beide Daumen abknickt und mit den anderen Fingern umschließt, kann man das verhindern. Nach einer Weile tut man dies dann wie von selbst, und während des Schlafes werden sich die eigenen Fäuste nicht mehr öffnen. Dieser Rat stammt aus dem *Ping Yüan Hou Lun* von Chao Yuanfang, einem Arzt aus der Sui-Dynastie.

Hat man Schleim in der Kehle, sollte man ihn vor dem Zubettgehen loswerden, um Albträume und größere Gefahren zu vermeiden. Darum raten medizinische Handbücher alten Menschen, vor ihrer Nachtruhe ihr Hustenmedikament zu nehmen.

Die Hilfe der Kinder

Vor dem Zubettgehen sollte man seine Kinder dazu bringen, ihre Hände durch Aneinanderreiben zu erwärmen und dann auf die Nieren unterhalb der Rippen auf dem Rücken zu legen. Dort sollten sie einen ein Weilchen massieren wie später die Sohlen der Füße. Außerdem sollten einem die Kinder die untere Hüftregion und den Hintern leicht tätscheln. Das kann man natürlich auch selbst bewerkstelligen.

Vor der Nachtruhe

Jede Nacht sollte man, bevor man zu Bett geht, sein Haar gut durchkämmen und die Füße in heißem Wasser baden, um die Zirkulation zu verbessern. Gut ist auch, mit heißem Tee zu gurgeln, dem man etwas Salz beigegeben hat. Das wird die Zähne reinigen und kräftigen. Einfacher Tee ist dafür am besten geeignet.

Zahnpflege

Man sollte mit einem Zahnstocher nicht zu tief an den Wurzeln der Zähne stochern, denn das könnte sie lockern. Der Mund sollte auch nicht mit heißem Wasser ausgespült werden, weil das schlecht für die Zähne ist. Die Alten sagten, Zahnleiden stammten von der Hitze, die aus dem Magen aufsteigt. Es ist von Vorteil, sechsunddreißig Mal täglich die Zähne aufeinanderzuklacken, um sie zu stärken und Löcher sowie andere Leiden zu vermeiden.

Kalte und heiße Monate

Es ist eine gute Idee, in kalten Monaten spät aufzustehen und in heißen Monaten früh. Selbst in der heißen Jahreszeit sollte man sich im Schlaf aber nicht dem Wind aussetzen, ja nicht einmal Luft zugefächelt bekommen.

Das Einschlafen der Beine

Manchmal geschieht es, dass ein Mensch nicht zügig aufstehen kann oder sogar umfällt, weil seine Beine vom langen, förmlichen Sitzen eingeschlafen sind, was man vor einer Person von hohem Rang oder vor dem Fürsten erwartet. Es nutzt in diesem Fall, beim Sitzen mit den großen Zehen zu wackeln und sie wiederholt und kräftig zu krümmen. So kann man auch Wadenkrämpfen entgegenwirken.

Kälte

Laut Dong Yuan sollte man, wenn man leicht bekleidet plötzlich von kaltem Wind überrascht wird, den ganzen Körper anspannen, um die Kälte davon abzuhalten, die Haut zu durchdringen.

Notdurft

Man sollte so diskret sein, nicht in Richtung von Sonne, Mond, Sternen, Nordpol oder von Shinto-Schreinen zu urinieren oder seine Notdurft zu verrichten. Noch sollte man auf sonnen- oder mondbeschienen Boden urinieren. Die Götter von

Himmel und Erde und die Seelen der Toten sollte man fürchten und nicht mit ihnen spaßen.

Das Bad

Bäder sollte man nicht zu häufig nehmen. Die übermäßige Wärme öffnet die Poren der Haut und lässt nicht nur Schweiß entweichen, sondern auch Vitalität. Unsere Vorfahren empfahlen ein Bad alle zehn Tage. Es sollte nicht zu lange dauern und nicht zu heiß sein. Heiße Bäder sind besonders schädlich für Menschen mit Augenproblemen oder solche, die unterkühlt sind, weil sie der Winterkälte ausgesetzt waren. Die Haare sollten ferner nur alle fünf Tage gewaschen werden, doch niemals, wenn der Magen voll ist. Mit leerem Magen wiederum sollte man nicht baden. Ein warmes Bad kann gegen Durchfall, Verstopfung und Bauchschmerzen helfen. Danach muss man darauf achten, sich keinem Luftzug auszusetzen. Geschieht das doch, sollte man sogleich die dem Wind ausgesetzten Hautstellen massieren. Wer schließlich glaubt, das Baden in heißen Quellen sei für die Behandlung jedweder Krankheit geeignet, irrt gewaltig.

Geisteskrankheiten

Offensichtliche Wunder und seltsame Phänomene sind nicht auf das Wirken von Teufeln oder Geistern zurückzuführen. Man sollte ihnen keinen Glauben schenken, selbst wenn man sie mit eigenen Augen beobachtet, denn es gibt Geisteskrankheiten und Wahrnehmungsstörungen, die einen dazu bringen können, Dinge zu sehen, die gar nicht existieren.

Mitempfinden im Endstadium

Ein Arzt muss ein mitleidvolles Herz haben und sollte nicht nach Ruhm und Reichtum streben. Selbst wenn der Zustand eines Patienten zu ernsthaft ist, als dass ihm noch Medizin helfen könnte, sollte der Arzt die Familie und die Freunde des Patienten trösten, indem er eine Menge Heilmittel verschreibt, wenn man ihn darum bittet. Es wäre doch sehr kaltherzig, würde ein Arzt sich weigern, einem Todkranken Medikamente zu geben, und ihn einfach dem Sterben überlassen, weil er sich einen guten Ruf damit erwerben will, die Überlebenschancen eines Patienten richtig einschätzen zu können. Fraglos würde ein solches Verhalten einen Patienten nur noch mehr niederschmettern. Das wäre doch bedauerlich.

Da wir nicht in diese Welt wiedergeboren werden, ist das Erlernen und Genießen des höchsten Weges von Himmel, Erde und Menschen wahrhaft kostbar. Selbst am Ende unseres Lebens werden wir so nichts zu bedauern haben. Ich halte es für ein außerordentliches Unglück, das Leben zu beenden, ohne den Weg, menschlich zu sein, erkannt und stattdessen unter zahlreichen Begierden gelitten zu haben und von den niederen Wegen der Welt verwirrt worden zu sein. Wir müssen uns davor hüten.

Der Tod

Wenn jemand alt geworden und der Tod so nah wie der Sonnenaufgang ist, soll der Mensch gelassen sein Ende erwarten. Im Buch *Eki* heißt es: »Haben wir tagsüber keinen Spaß, werden wir das bedauern, sobald die Sonne untergeht.« Da es für einen Menschen natürlich ist, alt zu werden und zu sterben, kann man es nur töricht nennen, wenn einer im Angesicht des Todes jammert. Enmei sagte: »Ein Weilchen werde ich ins Nichts zurückkehren, doch – an meine Bestimmung glaubend – gibt es keinen Grund für Furcht. Sollte ich erschöpft sein, dann lasst mich eben erschöpft sein, warum sollte mich das bekümmern? Lebt ein Mensch am Morgen in Güte und Aufrichtigkeit, was kann er dann mehr wünschen, als dass am Abend sein Tod eintritt?« Wenn jemand mit seinem Schicksal unzufrieden ist und dem Willen des Himmels nicht vertraut, wird sein Bedauern am Ende groß sein. Das Ende ist wichtig, lasst uns darum bis zum letzten Moment an unseren Prinzipien festhalten.

Je mehr ich darüber nachdenke, desto mehr erkenne ich, dass es viele Freuden in dieser Welt gibt. Doch wenn jemand den Weg nicht kennt, ärgert er sich über den Himmel und sieht in anderen nur Fehler; sein Herz strebt in die Dunkelheit. Der menschliche Körper besteht weder aus Gold noch aus Stein und muss folglich schwinden. Alles, was lebt, muss sterben, und niemand kann sein Leben auf Erden erneuern. Lasst uns darum unser Leben genießen, solange es dauert, denn die Jahre, die uns gegeben wurden, sind so zahlreich nicht. Von nun an lasst uns jeden Tag unseres Lebens in hundert Glücksgefühlen und Freude verbringen. Unsere Leben sind es wert, gelebt zu werden, wenn wir sie damit zubringen, Gutes zu tun und den wahren Weg zu genießen.

Ein alter Mensch sagt immer wieder das Gleiche. Auch ich habe die gleiche Wahrheit stets aufs Neue wiederholt, um mir selbst zu helfen und andere zu warnen. Noch einmal will ich es betonen: Lasst uns unser Leben nicht sinnlos verplempern, ohne es zu genießen. Wenn wir am Morgen dem Weg folgen, ist unser Dasein berechtigt und wir können am Abend friedlich sterben.

»Für einen Samurai zählt jedes von ihm gegebene Versprechen, ob schriftlich oder nicht.«